大学生の就職とキャリア

「普通」の就活・個別の支援

小杉礼子［編］

勁草書房

はしがき

新規大卒予定者への求人は近年急増し、大学生の就職環境は大幅に改善した。それに伴い大卒就職問題は解消したかといえば、大学卒業時に就職も進学もしていない「無業者」の比率は、いまだ一九九〇年代初めの水準には戻っていない。さらに、一方では、大学は全入時代を迎えたといわれ、大学生自体の変化が指摘されている。

本書の目的は、第一に、こうした変化の中で、大学における就職指導・キャリア形成支援はどうあるべきか、大学外の就職支援機関などの公共サービスはどうあるべきかを検討することである。第二に、卒業後に職業人となることを想定しての、人材育成機関としての大学教育のあり方を考え、大学教育改革の議論に一石を投じることである。

さらに、書籍の形で出版できることになってもう一つのねらいを持った。この本は、研究機関の報告書がもとになっており、これを書籍として編集しなおしたのだが、そうすることで、もっと広く現役の学生の皆さんの眼にも触れたいと思った。この本のデータは、二〇〇六年三月に大学を卒業した二万人近い先輩たちの記録であり、今の大学の就職指導の実態である。また、最近の企業調査も使って、今、企業が採用試験で何を問おうとしているのかを分析している。そして、卒業から二ヵ月たった先輩たちが、自分の就職・進路選択をどう評価しているのかを問うた貴重なデータも盛り込んでいる。

この本は、就職活動のノウハウ本ではない、学術用語の多い硬い本ではある。ただ、広い視野から就職を捉えることができる情報を提供している。自分の就職活動を相対化してみることで、いま迫られている「選択」がしやすくなるかもしれない。学生の皆さんが手にとってくださることも少し期待して、編集した。

さて、研究書としての本書の特徴は、先述した大規模な実態調査を基にしており、大学と学生、そして企業の現実に立脚した議論をしていることである。現実というのは、すなわち、課題を多く抱える大学における就職に焦点を当て、求人の少ない地方の大学での就職支援を考え、就職活動を途中でやめてしまったり、内定がなかなか取れないでいる学生の行動を分析していること、就職してもすぐ辞めてしまう若者の意見を聞き、また、大企業ばかりでなく中小企業・地方企業の採用活動を視野に入れた分析をしていることである。

銘柄大学の学生の行動や大企業の採用行動の分析はそれはそれで意義深い。時代を象徴しているし、影響力も大きい。しかし、現実はその他大勢のほうにある。銘柄大学、大企業とは異なる現実がそこにあり、違う対策が必要である。そこに焦点を当てたのが本書の最も大きな特徴だと思う。

小杉　礼子

大学生の就職とキャリア／目次

——「普通」の就活・個別の支援

目　次

目　次

序　章　大学生の就職プロセスの現状と大学の役割

小杉　礼子

1　問題意識

本書の目的は、第一に、最近の大学生の就職プロセスを実態調査から明らかにして、景気拡大下における就職活動の問題とそこで必要とされる大学や関係機関の支援のあり方を考えることであり、第二に職業人の育成において現在の大学が果たしている役割とその課題を検討することである。

新卒者への求人が激減した一九九〇年代、就職、すなわち、若者が学校段階から職業生活へ移行する過程についてはいくつかの実態調査が行なわれ、その過程が大きく変わったことが明らかにされた。こうした実態把握を背景にして、若者の職業生活への移行が難しくなっているという認識が広く共有されるようになり、二〇〇〇年代に入ると、国レベルでの「若者自立・挑戦プラン」とい

図表序－1　新規大卒者の求人倍率と学卒無業率

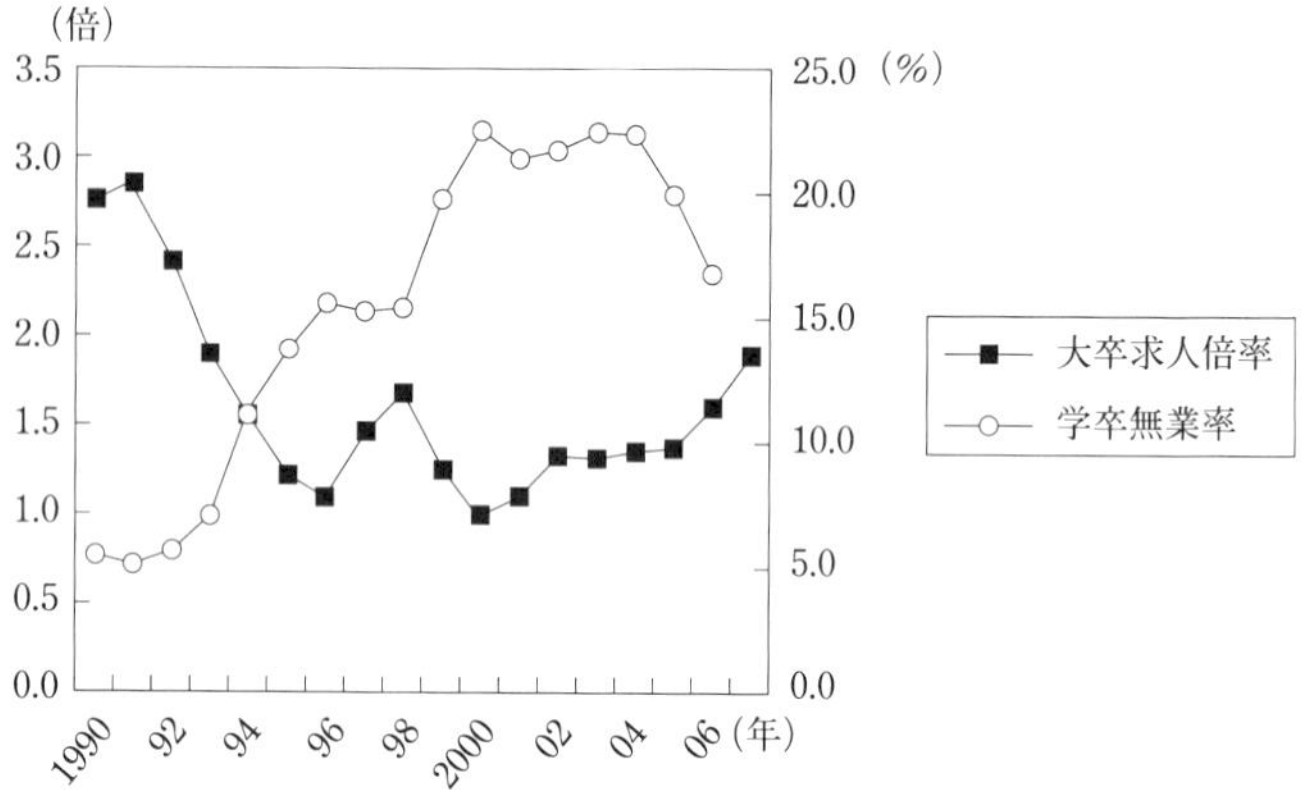

資料出所：リクルートワークス研究所（各年）「大卒求人倍率調査」、文部科学省（各年）「学校基本調査」

注1）大卒求人倍率は、リクルートワークス研究所「大卒求人倍率調査」での「民間企業就職希望の大学卒業予定者／大卒求人数」。

注2）学卒無業率は文部省「学校基本調査」における「無業／大学卒業者数」。「学校基本調査」では2000年以降は「無業」でなく、大学院等への進学や就職、一時的な仕事を除く、「左記以外のもの」と表現されている。また、2004年からは「専修学校・外国の学校等入学者」を別掲しているが、ここでは連続性を確保するため「無業」に含めている。

う総合的若年者対策も始まった。そこでは「就職支援」という学校卒業時点での支援だけでなく、学校在学中から三〇歳代はじめぐらいまでの若者を対象に、職業生活への移行を幅広く支援するための政策群が盛り込まれていた。

大学生についても、一九九〇年代には就職先が決まらないまま卒業する者が増加し、研究上では、当時の文部省の統計に使われていた用語から「無業者」あるいは「学卒無業者」問題と呼ばれた。図表序－1には、四年制大学卒業者について、学卒無業者の卒業者に占める比率を示した。一九九〇年代初めには五％ほどであったものが二〇〇〇年代前半には二〇％を超え、就職も進学も決まらないまま卒業する大学生は大きな問題と意識されるようになった。

こうした学卒無業者の増加に大きく影響していたのは、企業の新卒者採用である。図中にも示したが、求人倍率（＝新規大卒者求人数／就職希望者数）が低くなった時期には学卒無業率が高まり、逆に倍率が高くなれば下がっている。学卒無業者の増加の背景には、企業の新卒者採用の大幅な絞り込みがあったことは確かである。

それだけに、需要の拡大が続けば大卒無業者問題は解決するかに思われる。ただし、先の図も、詳しく見れば学卒無業者と求人倍率の関係はそれほど単純なわけではない。すなわち、九六〜九八年に求人倍率は上昇しているが無業率は低下していないし、また、二〇〇五年には求人倍率は一・六倍まで高まっているが、求人倍率が同水準の九二〜九三年レベルほどには無業率は下がっていない。求人数の増減という労働力需要の量的変化とは別の要因が、ここには働いている。すなわち、その質的変化という要因や、労働力供給側の変化、そして、マッチングプロセスの対応の問題などの要因である。

労働力需要の質的な変化とは、企業の求める人材像や大卒者の質への評価が変わっているのではないかということである。企業の求める質との乖離があるから、求人が増えても就職できない学生が残るのではないか。

労働力供給側の変化は、学生のほうが変わったということで、まず、大卒就職希望者が増えたという量的変化がある。大学進学者数が増加した結果、就職活動に参加する学生は一九九〇年の四〇万人から二〇〇六年の五六万人へと増えており、そのため就職できない学生が出てきているということもあるだろう。また、大学進学率の上昇は同時に大学進学者の質的変化を内包している。一八歳人口の減少が始まるなかでの大学進学者の増加であり、現在では高卒者の四割が四年制大学に進学している。ここから大卒就職希望者の相対的な質の低下が考えられる。だから、求人が増えても就職できない学生が残る。

最後に、新規大卒労働市場における独特の採用・就職の慣行・制度の問題がある。就職・採用の時期の設定や情報経路の制約、あるいは大学組織による就職指導や支援のあり方、こうしたものの影響を受けながらマッチングのプロセスは進んでいる。労働力需給の変化の中で、これらの慣行・制度が無業者の析出や就職・採用の成否に与える影響は大きいだろう。労働政策研究・研修機構（2006a）は、就職協定廃止に伴う採用時期の早期化の圧力と情報経路がインターネット化したことが大卒就職のプロセスに与えた影響を指摘しているが、こうしたプロセスの変化も考慮に入れる必要があろう。

本報告書のねらいの第一は、こうした変容の下で、現在の大学生はどのような就職行動をとっているのか、さらに、そこに労働市場における大学評価や大学の行なう移行支援はどのような効果を及ぼしているのかを検討することである。この検討を通して大学における移行支援のあり方を考える。

第二のねらいは人材育成の観点からの大学の機能の検討である。新規学卒採用者のうち約四割を四年制大学卒業者が占めるようになった現在、大卒人材の質に対する産業界からの要請は強まるばかりである。こうした要請強化の背景には、第一に、日本型の雇用慣行が変容するなかで、企業内での教育訓練の縮小がおこっているとか早期戦力化が図られているといった指摘がある。日本企業の人的資源管理の変化から来た要請である。第二には、より普遍的な、知識基盤経済化といった産業社会の変化を背景にした要請がある。他の先進諸国でも高等教育人材への産業界の要請が強まる事態が起こっているが、彼我に共通した背景があろう。こうした二つの面から、産業界からの要請は強まっているのではないかと考えられる。

これらの期待を大学はどのように認識し、対応しているのか、本報告書では、企業調査から大学への人材期待を抽出してその内容を検討するとともに、卒業者のキャリア形成が順調に見込めるかどうかから、卒業校における教育およびキャリア支援のあり方を検討する。

2　分析に用いる調査

本書では主に下記の調査1および調査2の二つの調査結果を分析に用いている。本章に続く第一章から第三章では主に調査1を、第四章ではこれに調査3および調査4の結果をあわせて用いている。また、第五章では主に調査2の結果を用いている。なお、これらの調査結果は、それぞれすでに公表されているものである（労働政策研究・研修機構、2005, 2006a, 2006b, 2007）。

図表序－2　「大学生調査」回答者の所属大学の設置者・地域・設立年の構成

単位%、太字は実数

		大学設置者				*（学校基本調査*）*
		国立	公立	私立	合計	
合計（実数）		**3,972**	**1,670**	**12,867**	**18,509**	**558,184**
構成比		21.5	9.0	69.5	100.0	
（学校基本調査構成比）		18.3	4.1	77.6	100.0	
		100.0	100.0	100.0	100.0	*100.0*
大学地域	北海道・東北	16.3	4.4	10.2	11.0	*7.6*
	北関東	0.9	6.4	2.5	2.5	*2.8*
	南関東	5.2	2.8	32.1	23.7	*40.6*
	中部・東海	24.3	13.2	20.0	20.3	*13.2*
	近畿	1.8	25.1	20.7	17.1	*20.3*
	中国・四国	15.2	28.8	5.9	9.9	*6.7*
	九州・沖縄	36.3	19.3	8.6	15.5	*8.8*
設置年	～50年	84.8	31.2	30.4	42.2	
	50～90年	11.0	39.4	47.4	38.9	
	90年～	4.2	29.4	22.2	19.0	

注）* 文部科学省「平成18年度学校基本調査」における４年制大学卒業者

調査1　「大学生のキャリア展望と就職活動に関する実態調査」（以下、「大学生調査」）

労働政策研究・研修機構が二〇〇五年一〇～一一月に実施した学生調査である。全国の四年制大学（医歯学・看護学・宗教学の単科大学を除く）のうち、協力をえられた二七六校の四年生（医学部、歯学部、看護学部の学生を除く）が対象である。調査票配布数は約四万九〇〇〇票（WEB調査分を除く）。各大学の就職部・キャリアセンターを通して学生に配布した。具体的には、ガイダンスやゼミ等の機会に直接配布する、大学から学生宅に郵送する、大学からWEB調査のアドレスを配信・掲示する、のいずれかによった。各大学における学生の抽

図表序－3　「大学生調査」回答者の所属する大学設置者と学部の構成

単位%、太字は実数

	大学設置者						*(学校基本調査*)*
	国立	公立	私立	合計			
合計（実数）	**3,972**	**1,670**	**12,867**	**18,509**			**558,184**
人文科学	7.2	17.7	23.8	19.7			*16.6*
商・経	13.8	24.9	22.7	21.0	社会科学系	34.8	*39.0*
法学	5.5	1.1	6.3	5.6			
社会福祉	0.4	4.4	6.3	4.8			
政策・社会・その他社会科学	2.9	2.0	3.7	3.4			
理学	6.6	0.8	1.0	2.2			*3.5*
工学	25.5	28.7	16.8	19.8			*17.3*
農学	8.6	2.6	1.3	3.0			*2.9*
保健	3.2	0.0	4.1	3.6			*6.3*
教育	22.6	0.0	1.4	5.8			*5.8*
家政・生活科学	0.0	3.7	7.8	5.7			*2.4*
芸術	0.2	14.2	4.2	4.3			*2.9*
水産・商船	2.2	0.0	0.0	0.5	その他	1.1	*3.3*
人文・社会融合	0.3	0.0	0.1	0.2			
文理融合	1.0	0.0	0.4	0.5			
無回答	0.1	0.0	0.1	0.1			

注）＊文部科学省「平成18年度学校基本調査」における４年制大学卒業者

出は、出来る限り当該大学の学生全体を代表するよう依頼したが、学事日程等の都合で内定者のみに配布した場合や、一部の学部のみに配布した場合がある。また、配布数も大学の状況により一定ではない。有効回収票数は一万八五〇九票（内訳、WEB以外＝一万六四八六票・回収率三三・六%、WEB調査二〇二三票）であった。

　この調査の回答者が、母集団（ここでは、学校悉皆調査である文部科学省「平成一八年度学校基本調査」における四年制大学卒業者）をどれほど代表しているかを検討すると、まず、性別には、本調査回答者の女性比率は五二・七%であり、母集団の四

図表序－4　「大学生調査」回答者の予定進路

単位％、太字は実数

本　調　査		学校基本調査*	
合計	**18,509**	合計	**558,184**
	100.0		100.0
正社員内定	55.5	就職者	63.7
公務教員内定	3.2		
契約派遣・非常勤内定	3.4	一時的な仕事に就いた者	3.0
その他内定有	1.8		
内定なし・就活中	14.4		
大学院進学予定・希望	9.3	大学院等への進学者	12.1
		臨床研修医（予定者を含む）	1.7
留学・専修学校希望	1.5	専修学校・外国の学校等入学者	2.2
就職活動停止・なし	8.4	それ以外の者	14.7
（うち）無活動・就職希望	2.6		
未定・迷っている	2.3		
公務教員希望他	3.4		
その他	2.5	死亡・不詳の者	2.7

注）＊文部科学省「平成18年度学校基本調査」における４年制大学卒業者

二・九％に比べて女性が多いという特徴がある。

設置者別の構成比を図表序－２に示したが、私立大学在学者の構成比が学校基本調査に比べて八％ほど少なく、その分国立・公立大学が多い。地域別には、南関東の大学在学者の比率が低く中部・東海や九州・沖縄、北海道・東北地方などが若干多い。また、学部別の構成比を検討したのが、図表序－３である。学部別構成は、ほぼ母集団と変わらない。

また、「学校基本調査」における卒業後の進路は、就職者六三・七％、大学院等進学者一二・一％であるが、本調査における一一月段階の予定進路は正社員内定五五・五％、公務教員内定三・二％、その他の内定あり五・二％、未内定で就職活動中一四・四％、大学院進学予定・希望九・三％で、就職希望の者の比率が母集団より高いと推察される（図表序‐4）(1)。


調査2　「大学生のキャリア展望と就職活動に関する実態調査（第2回）」（以下、「卒業後調査」）

　労働政策研究・研修機構が二〇〇六年六月に実施した個人調査である。**調査1**の回答者のうち、卒業後の調査への協力に同意した五四二三名に調査票を発送した。WEBによる回答も可能とした。有効回収票二一二四票（回収率三九・二％）。

　調査1の回答者に対しては、その一一・五％が本調査にも回答したことになる。属性別には、女性の回答率が一四・六％と男性の回答率（八・〇％）の二倍に近く、その結果、本調査回答者の六六・七％が女性で、先の「学校基本調査」における女性比率（四二・九％）よりかなり高い。

　回答者の進路状況は一時的な雇用を含む就職が八一・四％と、「学校基本調査」における同六六・七％に比べて高く、また、大学院等進学者比率は一二・七％で同調査と大きく違わない。その他の進路は四・七％と同調査における就職、進学以外の進路（一四・七％）に比べて小さい。本調査回答者は就職者の比率が特に高いサンプルだといえる(2)。

　また、学部構成の上では、「学校基本調査」の構成比と比べて社会科学系が一〇パーセントポイント以上少なく、その分、人文科学、家政、社会福祉系が多い。男女別に検討すると、男女とも社会科学系は少ないが、その差は男女計に比べて小さい（図表序‐5）。社会科学系の比率の低さは、

図表序－5　「卒業後調査」回答者の所属学部の構成

単位%、太字は実数

		本調査			学校基本調査*		
		男性	女性	合計	男性	女性	合計
合計		100.0	100.0	100.0	100.0	100.0	100.0
		696	**1,428**	**2,124**	**318,812**	**239,372**	**558,184**
学部系統	人文科学系	10.2	30.2	23.6	8.5	27.4	16.6
	社会科学系	37.0	24.0	28.3	45.1	30.9	39.0
	工学	34.3	4.6	14.4	26.8	4.7	17.3
	理・農・薬学	9.8	11.0	10.6	11.5	14.3	12.7
	教育	4.8	8.5	7.3	3.7	8.8	5.8
	家政・生活科学	0.3	9.7	6.6	0.2	5.3	2.4
	芸術	0.6	3.7	2.7	1.5	4.7	2.9
	社会福祉	2.0	7.1	5.4	2.7	4.0	3.3
	文理融合・水産他	0.9	1.1	1.0			

注）* 文部科学省「平成18年度学校基本調査」における4年制大学卒業者

男女の構成比が大きく異なることが影響しており、男女を分けて検討したほうが母集団に近い傾向が観察されると思われる。

さらに、回答者の偏りを、調査1の予定進路（一一月時点の予定進路）別の回答率によって検討すると、「就職活動をしていず（無活動）、未内定・迷っている」や「留学・専門学校希望」「契約派遣社員・非常勤で内定」であった者の回答率が低く、公務員・正社員内定者や大学院進学者、公務員試験、ほかの資格試験受験希望であった者で回答率が高くなっている。

調査3　「大学就職部／キャリアセンター調査」

労働政策研究・研修機構が二〇〇五年七～八月に実施した。全国の四年制大学（医学・看護学・宗教学の単科大学を除く）で平成一六年度に卒業生を出している全大学（六一七校）の就職部・キ

図表序－6　「大学就職部／キャリアセンター調査」回答校の所在地の構成

単位：%、太字実数

	回答校計		学校基本調査
	実数	構成比	構成比*
	510	100.0	100.0
北海道・東北	63	12.4	10.7
首都圏	113	22.2	27.8
関東（首都圏以外）	49	9.6	4.3
中部・東海	84	16.5	18.3
近畿	98	19.2	19.3
中国・四国	43	8.4	9.0
九州・沖縄	60	11.8	10.6

注）* 文部科学省「平成17年版学校基本調査」による４年制大学の分布

ャリアセンターに調査票を発送した。有効回収票数は五一〇票（回収率八二・七％）であった。

大学設置者別の回収率は、私立大学が若干低いものの、結果の構成比はほぼ母集団（医学等の単科大学を除く全国の四年制大学）と一致している。また、地域別には若干[3]首都圏の大学が少ないが（図表序－6）、ほぼ全国の大学を代表したサンプル構成になっている。

調査4　「大卒採用に関する企業調査」[4]

労働政策研究・研修機構が二〇〇五年二月に実施した。帝国データバンク・企業データベースから規模別に抽出率を設定して全国から一万社を抽出し、電話により二〇〇五年度大卒採用実施を確認して郵送調査への協力を依頼した。四七八九社に調査票を発送。有効回収票数は一三六二票（回収率二八・四％）。

さらに、これと比較対照して、一九九七年に実施したほぼ同じ質問を含む「大卒採用に関する企業調査」も参

照した。有効回収票数：一二六九票（回収率五一・五％）。

3　本書の構成

本章に続く第一章から第三章までは、大学生の就職プロセスとそこでの大学による支援のあり方についての議論である。

第一章では、現在の大学生がどのような就職行動をとっているのかを大学の選抜性によって設定した大学類型(5)ごとに検討する。大学の選抜性によって大企業への就職チャンスが異なることはこれまで多数の実証的研究が明らかにしてきたことだが、それなら、内定獲得に至るまでの就職活動の内容・プロセスは所属する大学の選抜性によって異なろう。ここでは、「大学生調査」からその差異を明らかにし、その上で大学が行なうべき就職支援について検討する。

第二章では、大学就職部・キャリアセンターがどのような役割を果たしているのか、その現状と支援の課題を検討する。大学進学率が上昇して大学生の「生徒化」が進む一方、大学間の競争は激化している。こうした変化を背景に、大学の行なう就職・キャリア形成支援は重要性を増している。本章では、「大学就職部／キャリアセンター調査」からその組織と機能を明らかにし、さらに、「大学生調査」から、内定獲得につながる支援のあり方を分析する。

第三章では、就職活動の地域別の違いと学生の地域間移動をとりあげる。地域間の経済格差の拡大が指摘される中で、新規大卒労働市場の地域間の差異は大きく、他方、働くことについての規範には地域による差異があり、学生の職業意識や保護者の態度には地域間の違いがあることが予想される。本章では、「大学生調査」を用いて、学生の就職活動プロセス、地域間移動に学生の意識や保護者の態度がどのように影響するかを明らかにし、地域間移動のある就職支援の課題について検討する。

第四章と第五章では、企業が新規大卒者に求める能力や卒業生の早期離職問題等の検討から、大学の人材育成上の機能と課題を考える。

第四章では、「大卒採用に関する企業調査」から、企業が新規大卒者に期待する人材像を探り、こうした企業の期待について大学が正確に把握しているのか、「大学就職部／キャリアセンター調査」「大学生調査」を用いて、その齟齬を検討する。近年の企業の人事管理には、職業能力を顕在的にとらえるコンピテンシーの考え方が導入されて、採用でも使用されるようになってきたが、この能力観は大学教育においても採用することができるのではないか、というのがこの章の発想である。学生のキャリア形成支援の立場から、卒業後にどのような能力が重視され、それを大学教育段階でどのように育成するのかを検討する。

第五章では、卒業後のキャリアから大学教育を考える。学卒無業や早期離職など、現在の大卒者における初期キャリア形成上の課題は大きい。本章では、「卒業後調査」により、まず、大卒二ヶ月あまりの経験と職場定着の予測をもとにした初期キャリア類型を作り、その上で、そのキャリア類型の分岐に、大学の諸属性や学生時代の本人の成績や学生生活の状況、就職活動状況、就職先の諸条件などがどのように影響しているのかを検討する。

以上、五章にわたる検討を通じて、全体として、卒業後の就業という観点から見た、大学教育・キャリア形成支援の課題と、これにどのように対応すべきかを明らかにしたい。

注

(1) この予定進路は、続く各章の分析において就職状況を評価する基本的な変数となる。特に、就職活動を続けているがまだ採用が内定していない「内定なし・就活中」、就職活動はしていないが就職希望はある「無活動・就職希望」、就職活動をしていないし、就職希望も固まっていない「未定・迷っている」は、移行がスムーズに進まない層として焦点があてられる。

(2) ここでは、「学校基本調査」と異なり合計に留年を含んでいる。これを除いても比率はほぼ同じである。

(3) 所在地については、「学校基本調査」データによる分布は首都圏を東京、千葉、神奈川、埼玉として集計した。調査では、表側の選択肢から各学校に選んでもらっているため、「首都圏」の解釈の違いによる分布の差も含まれている。

(4) 労働政策研究・研修機構（2006b）

(5) 設置者と入学難易度により類型化した。国立（一部の分析では、国立Ⅰ＝旧帝大など高難易度大学、国立Ⅱ＝地方国立大学にさらに分離）、公立、私立A（偏差値五七以上）、私立B（偏差値四六～五六）、私立C（偏差値四五以下）。偏差値は、代々木ゼミナールの社会科学系の偏差値ランキングに基づく。

引用文献

文部科学省　2006『平成18年度学校基本調査』
リクルートワークス研究所　各年『大卒求人倍率調査』
労働政策研究・研修機構　2005『高等教育と人材育成の日英比較——企業インタビューから見る採用・育成と大学教育の関係——』労働政策研究報告書 No.38.
労働政策研究・研修機構　2006a『大学生の就職・募集採用活動等実態調査結果Ⅰ　大卒採用に関する企業調査』JILPT 調査シリーズ No.16.
労働政策研究・研修機構　2006b『大学生の就職・募集採用活動等実態調査結果Ⅱ「大学就職部／キャリアセンター調査」及び「大学生のキャリア展望と就職活動に関する実態調査」』JILPT 調査シリーズ No.17.
労働政策研究・研修機構　2007『大学生と就職——職業への移行支援と人材育成の視点からの検討』労働政策研究報告書 No.78.

第一章　現代大学生の就職活動プロセス

濱中　義隆

1　はじめに

本章の目的は、現在の大学生がどのような就職行動をとっているのかについて、就職活動の時期や活動内容、活動量などに着目しつつ、その実態を実証的に明らかにすることである。わが国の大卒労働市場には独特の慣行・制度が存在するがゆえに、ほとんどの大学生が程度の違いこそあれ、きわめて標準化・マニュアル化された就職活動を展開していると考えられている。インターネットの就職支援サイトや市販の就職マニュアル本をみれば、いつ頃、どのような活動を行なうべきなのか、就職活動の成功の秘訣は何かなど、先輩の経験談等も交えて詳細に解説されている。ただし、これらの媒体に掲載されている「標準的な就職活動」像は、ともすれば大企業・有名企業の採用行動（学生の側からみれば大企業への就職活動）を前提にしているように見受けられる。大企業が依然として相対的に「良好な雇用機会」である以上、商業ベースの就職支援サイトやマニュアル本において大企業中心モデルが主流になることは必然的であるといえるかも知れない。

ところが、周知のように在籍する大学の選抜性（入学難易度）によって大企業への就職チャンスが異なることはこれまで多数の実証的研究によって明らかにされてきた（平沢 2005）。このことの是非はひとまず置いておくとして、事実として大学の選抜性によって就職先の企業が異なっているとすれば、内定獲得に至るまでの就職活動の内容・プロセスもまた大学間で異なっているのではないだろうか。だとするならば「標準的な就職活動」（大企業中心モデル）を大卒就職希望者全体に規範モデルとして当てはめることは適切ではない。「標準的な就職活動」を前提にした様々な就職支援の方策を実施したとしても、それらが実効性を上げることは難しいといえる。

本章では、大学の選抜性による就職活動の差異、とりわけ選抜性が中位以下に属するいわゆる「非銘柄大学」の学生の就職活動に焦点をあて、その実態を明らかにするとともに、そこから導き出されるインプリケーションを考察する。

2　大卒就職希望者の質的変化

本章で選抜性が中位以下の大学における就職活動プロセスに着目する理由は、かれらの就職活動の実態がこれまで十分に明らかにされていないことにとどまらない。より重要な理由は、「非銘柄大学」の学生の就職活動に大卒労働市場の構造変化がもっとも端的に現れている可能性が高い、と考えることにある。以下、この点について、近年の大卒就職希望者の質的変化との関連において説明しておこう。

しばしば指摘されているように、一九九〇年代初頭以降、一八歳人口の減少により、大学（学部）への進学率は、一九九〇年の二四・六%から二〇〇五年には四四・二%へと約一九ポイント上昇した（平成一八年度文部科学統計要覧）。一八歳人口の減少と時期を同じくして、大学設置認可の「規制緩和」によって大学の入学定員が拡大し、進学率だけでなく大卒者の実数そのものも一九九〇年の四〇万人から二〇〇五年には五五万人に増加した（同右）。さらに付け加えると、大学入学希望者が入学定員を大きく上回っていた時期とは異なり、「大学全入時代」とも称される現在では、一部の大学において学力による実質的な入学者選抜を行なうことが不可能になりつつあることも指摘されている。

大学進学率、大卒者数の上昇は、端的にいえばかつては大学に進学しなかった層が、大学教育を受け、新規大卒労働市場に参入するようになったことを意味している。大学教育への新たな参入層であるかれらは、基礎学力の水準だけでなく、大学教育に対する期待や進学動機、大学での学習活動や学業以外の大学生活への取り組み、卒業後の職業志望やキャリア意識など、さまざまな側面においてかつての学生層とは質的に異なっている可能性が高い（居神ほか 2005、溝上 2004）。また入学時の選抜が実質的に機能していないとするならば、同一の大学群の内部においても、学生の学力、意識、態度、行動面での多様性は大きくなる。こうした「新たな学生層」は、入学者の選抜性をメルクマールにして階層化されたわが国の大学システムの構造の下では、あらゆる大学群に均一に参入したのではなく、階層構造の周辺部を形成する非銘柄大学に、相対的には多く吸収されていると考えてよいだろう。

むろん大卒者の質的変化を無視したとしても、供給量が拡大している以上、大卒者の就職市場は変化せざるを得ない。急速な供給の拡大に見合うだけ、従来型の大卒労働需要も拡大しなければ、供給の拡大部分がかつての大卒者と同じ就職機会を得ることはできないからである。従来から大卒者を雇用してきた企業の採用枠が拡大されなければ、一定の割合の大卒者は、それまで大卒者の就職実績のほとんどない企業を新たな就職先として開拓する必要に迫られることになる。さらにいえば大学進学率、卒業者数の増加は、高卒労働供給の縮小と表裏一体の関係にあるから、就職先企業だけでなく仕事の内容もまた従来の大卒者のそれとは異なっているかも知れない。ここでも、「良好な雇用機会」の階層構造と大学システムの階層構造との重なりの存在を考慮すれば、新規大卒労働市場の拡大部分（＝周辺部分）を担っているのは、やはり非銘柄大学の学生が中心であると考えられる。

以上のような仮定にもとづけば、「新たな学生層」を相対的に多く含む非銘柄大学の就職活動に焦点をあてることで、従来われわれが想定してきた「大学から職業への移行」の構造が最も大きく変化している場面を捉えることができると考えるのである。

一方、大学における就職支援のあり方を検討するという実践的な目的からも選抜性が中位以下の大学に着目する意義は大きい。後の分析においても示すように、就職活動をしたにもかかわらず内定を獲得できない学生の割合は、選抜性の低い大学において高い。これらの大学の学生の中には、そうした現実を目の当たりにして早々に就職活動から撤退してしまう者、あるいは初めから就職活動を行なわないまま就職も進学もせずに卒業を迎える者も少なくないだろう。いいかえれば、非銘柄大学の学生は、職業への移行支援を最も必要としている層であるともいえる。かれらにとって有効な支援策を得るためには、選抜性の低い大学に特有の就職活動の特徴、より端的にいえば「標準的な就職活動」像との乖離が存在するならば、まずはそれを把握したうえで支援策を検討することが重要となろう。

すでにこうした視点に立った、選抜性が中位以下の大学における就職活動の実態に関する調査研究が蓄積されつつある。居神ほか（2005）は近年の大学生像の変容を「マージナル大学」という概念を用いて捉え、ある大学を事例に学生の就業意識と進路未決定の関係を分析している。谷内（2005）また苅谷ほか（2006）、堀ほか（2007）では、同様の問題意識から関東圏に所在する非銘柄大学における就職活動の実態や就職決定のメカニズム等が分析されている。ただし、これら先行研究では、分析対象が少数の大学に限定されており、大規模データによる妥当性の検証が課題として残されている。以下、本章では調査1「大学生のキャリア展望と就職活動に関する実態調査」のデータを用いて、非銘柄大学における就職活動の特徴を他の大学群と比較しつつ分析する。

3　分析対象の概要

調査1「大学生のキャリア展望と就職活動に関する実態調査」は、医学、歯学、看護学を除く実に多様な専攻分野の学生を対象にしている（調査の概要は序章を参照のこと）。ただし卒業生の進路、就職活動の状況が専攻分野により異なることは明らかである（労働政策研究・研修機構 2006）。本章では、専攻分野による影響を事前にコントロールするため、分析対象を人文科学、社会科学（社会福祉を除く）を専攻する学生に限定する。理工系では大学院への進学者が多いこと、および就職者の場合でも教員や大学の推薦による者が少なくないこと（工学系で約27%）、また教育、社会福祉、芸術などの専攻では、たとえば教員など分野ごとに特定の専門的職業を志向する傾向が強く、就職活動のプロセスが全く異なると考えられることから分析対象から除外した。同様の理由により、人文科学、社会科学の学生であっても、大学院等への進学を希望する者、公務員・教員への就職が内定している者（および公務員・教員への就職のみを希望する者）は分析対象外とした。したがって、いわゆる「文系」の学生で、大学での専攻と就職先での職種との関連が小さいと思われる民間企業への就職を希望した学生の就職活動が分析対象となっている。

さらに本章では、調査票の問12において「就職活動をした」もしくは「現在もしている」と回答

図表1－1　分析対象者の進路の概要

（%）

		国立Ⅰ・私立A	国立Ⅱ・公立	私立B	私立C	合計
内定先の企業規模	99人以下	5.1	7.4	8.5	10.4	8.4
	100～299人	8.8	12.5	10.6	13.1	11.4
	300～499人	5.5	9.1	8.9	8.0	8.4
	500～999人	8.6	11.7	10.1	7.4	9.6
	1,000～4,999人	27.0	22.3	17.3	12.8	18.1
	5,000人以上	30.1	11.5	9.7	5.9	11.0
	わからない	7.8	9.6	11.5	10.9	10.6
	無回答	2.5	3.9	4.5	4.5	4.2
内定なし		4.6	11.9	18.9	27.1	18.2
		100	100	100	100	100
（実数）		（690）	（1444）	（3621）	（1804）	（7559）

した者のみに分析対象を限定した。就職を希望しているけれども就職活動をまったくしない学生（結果として進路未定のまま卒業を迎える）の存在はたしかに重要な論点であるけれども、この点の分析については第四章で扱っているのでそちらを参照されたい。また、就職活動を「始めからしていない」と回答した学生のなかには、就職支援サイトには登録した者など、初期の段階で何らかの活動をしたと回答している学生が含まれており、「内定をもらっていないが、やめた」という学生との区別は曖昧な側面もある。ただし、主観的に「就職活動をした（している）」と認識していない者の場合、本章で扱う就職活動の諸行動に関する質問項目について「無回答」が多いので、はじめから分析対象から除くこととした。

以上の手続きにより対象を絞り込んだ結果、本章の分析対象となった者の調査時点での進路の概要は図表1－1のとおりである。なお本章では、大学の選抜性に対応するように、四つの大学類型を設けて分析を行なう。「国立Ⅰ・私立A」は、いわゆる旧帝大など入学難易度の高い国立全国大学および偏差値五七以上の私立大学、「国立Ⅱ・公立」はいわゆる地方国立大学と公立大学、「私立B」は偏差値五六〜四六の私立大学、「私立C」は偏差値四六以下の私立大学である。(1)

4　就職活動のプロセス

冒頭でも述べたように、現在の大学生の就職活動においては、いつ頃、何をしなくてはならないのかについての標準的なロードマップが存在するといわれる。多くの大企業がそうであるように、新卒採用活動のスケジュールが各社横並びである場合、ある時期に適切な活動をしていなければ、その後の就職活動において不利になると考えられるため、学生は同時期に同じような活動を一斉に行わざるを得ないのである。本節では、就職活動のタイミング、活動内容・量が大学類型によってどのように異なっているのかを分析する。

(1) 就職活動のタイミング

現在の就職活動の典型的なプロセスを示すと、(1)リクナビ、日経ナビなど「就職支援サイト」への登録、(2)インターネット、葉書などによる企業への資料請求、(2)(3)合同企業説明会や、企業が独自

図表1-2　就職支援サイトに登録した時期

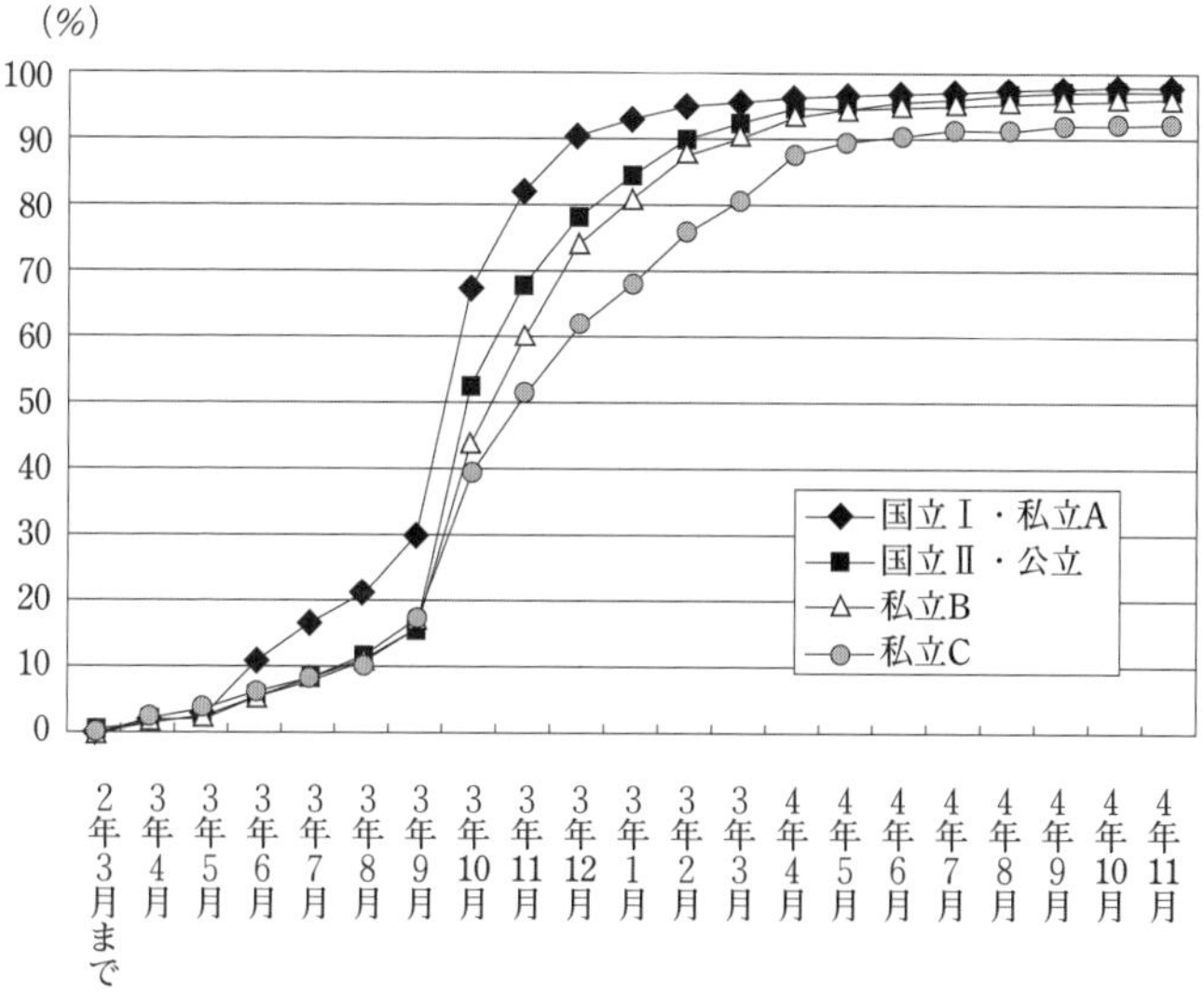

に行なう説明会・セミナーへの出席、(4)エントリーシートの提出、(5)就職希望企業での面接、という順序になろう。今回の調査結果でも、活動開始時期の最頻値に着目すると、三年生の一〇月に「就職支援サイトへの登録」を行ない、「資料請求」の時期は一〇～一二月まで若干のばらつきがあるものの、三年生の二月に「企業説明会への出席」および「エントリーシートの提出」というスケジュールとなった。これは就職支援サイトなどで紹介されている標準的なスケジュールと全く一致しているといってよい。

図表1-2および図表1-3は、「就職支援サイトへの登録」（図表1-2）、「エントリーシートの提出」（図表1-3）のそれぞれについて、はじめて当該活動を行なった時期を大学類型別に累積百分率で示したものである。

図表１-３　はじめてエントリーシートを提出した時期

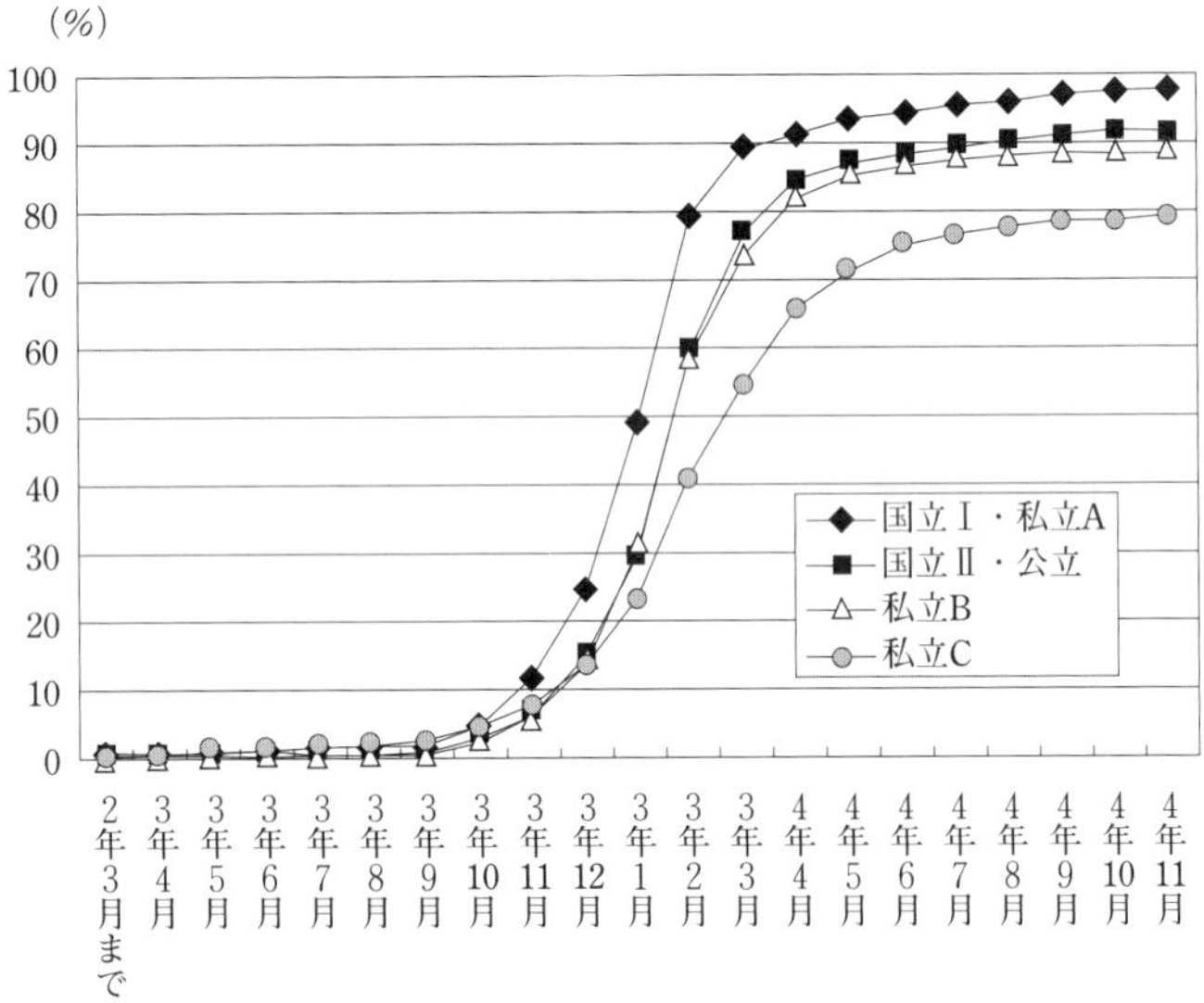

これらのグラフは大学類型別の就職活動のタイミングについて、つぎの三点の特徴を同時に示している。第一に、グラフが左側にあるほど当該活動を早く行なう学生が多いこと、第二に、グラフの立ち上がりが急であるほどその活動を行なう時期が集中していること、第三に、当該活動を行なわなかった者の割合がグラフの右端（調査時期）に示されること、の三点である。

紙幅の都合上ここでは、前記二つの項目についてのみグラフを提示するが、以下に示した大学類型間の傾向は他の活動についてもまったく同様であった。

いずれの活動においても開始時期は「国立Ⅰ・私立A」が他の大学類型に先行し、続いて「国立Ⅱ・公立」と「私立B」がほぼ同時期であり、「私立C」で遅れて開始する者がやや多いことがグラフからはっきりと読み取れる。他方、グラフからはやや判然としないが、曲線の立ち上がりが最も急な時期、すなわち最頻値をとる時期は、先述のとおり「就職支援サイトへの登録」では三年生の一〇月、「エントリーシートの提出」では三年生の二月であり、全ての大学類型において共通している。つまり、いずれの大学類型においても標準的なスケジュールに沿う学生が主流であるものの、「国立Ⅰ・私立A」では早めに開始する者がやや多く、反対に「私立C」では遅れて開始する者が相対的に多い。就職支援サイトへの登録のように誰にでもオープンに開かれた活動であっても、大学類型間に開始時期の差が存在しているのである。さらに「私立C」では、各活動を遅れて開始する者がやや多いことにより、グラフの立ち上がりが他の大学類型に比べて緩やかである。すなわち活動開始時期の分散が相対的に大きいことを意味している。

図表1－2、図表1－3からは、活動の内容によって、大学類型間で当該活動を行なわない者の割合が異なることも読み取れる。就職支援サイトへの登録では、いずれの大学類型においても九割以上の学生が行なっているのに対して、エントリーシートの提出では「国立Ⅰ・私立A」と「私立C」の間では行なわなかった者の割合に二〇％ポイント程度の差が見られる。さらに、図表は省略したが、「企業説明会への出席」は前者、「資料請求」は後者と同様の傾向を示すことも判明した。その理由は必ずしも定かではないが、各大学類型の学生が就職活動の主たる対象としている企業群によって、企業との接触方法や応募方法が異なっているためではないだろうか。つまりインターネット等を通じた「資料請求」、「エントリーシートの提出」は大企業中心モデルの活動方法であり、

図表1－4　はじめてガイダンスに参加した時期

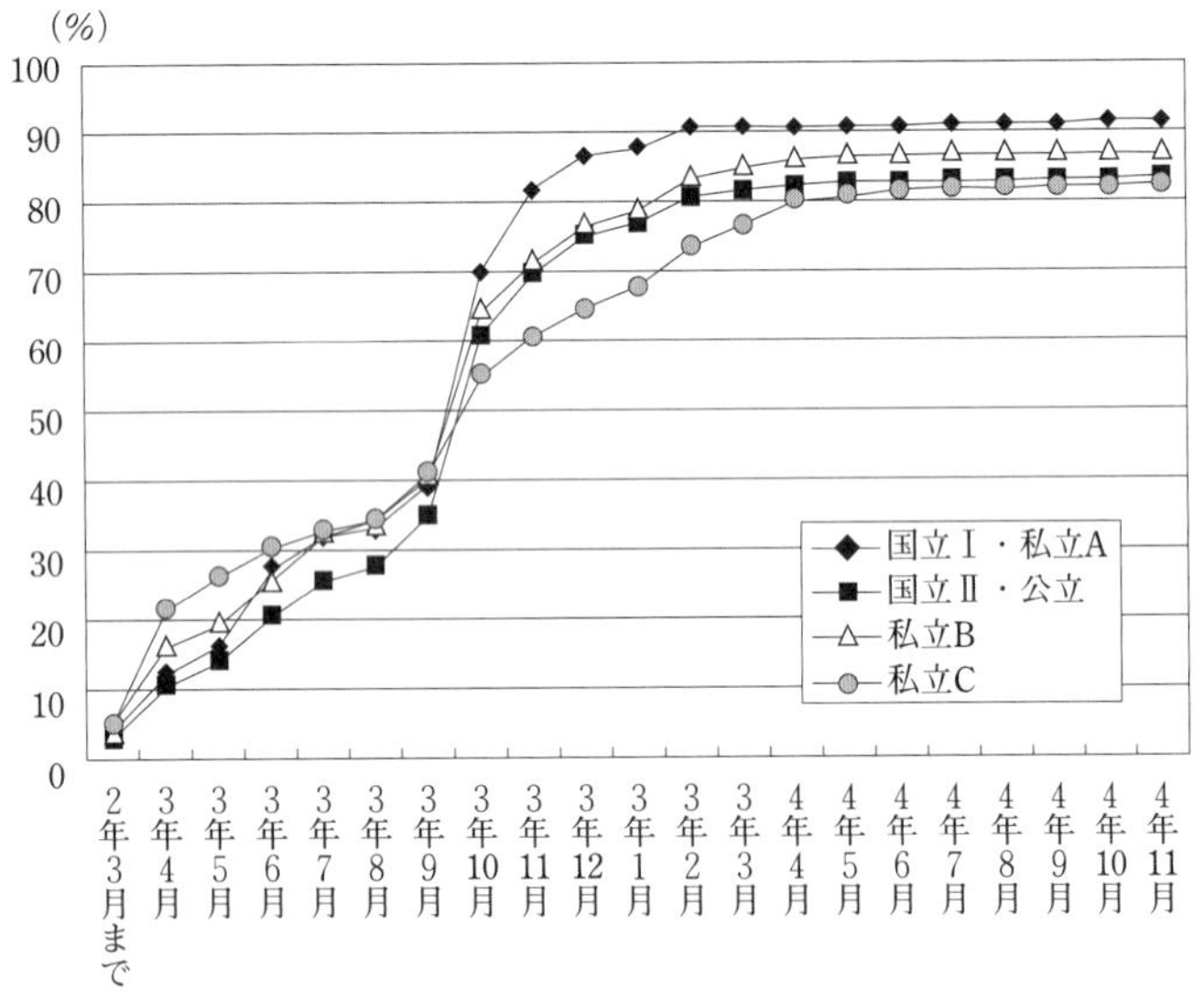

こうした方法を採用していない企業を対象に就職活動をしている学生の割合が「私立C」において高いことを示していると考えられる。

さて、ここまで「私立C」において就職活動の開始が遅れる者がやや多いことを示したが、このように活動の開始時期が遅れる学生のことを、大学の就職部などでは就職活動に「乗らない（乗れない）」学生と表現されるのをしばしば耳にする。この表現を借りるならば、選抜性の低い大学ほど就職活動に「乗らない」学生が多いことになる。そこで、これらの大学では学生が就職活動に「乗り遅れない」ように、早い時期から就職ガイダンスなどを実施して学生の就職に対する意識を高めることが行なわれている。図表1－4には、就職活動の準備段階として行なわれる、大学就職部主催のガイダンスにはじめて参加した

図表1-5　エントリーシートを送った企業数

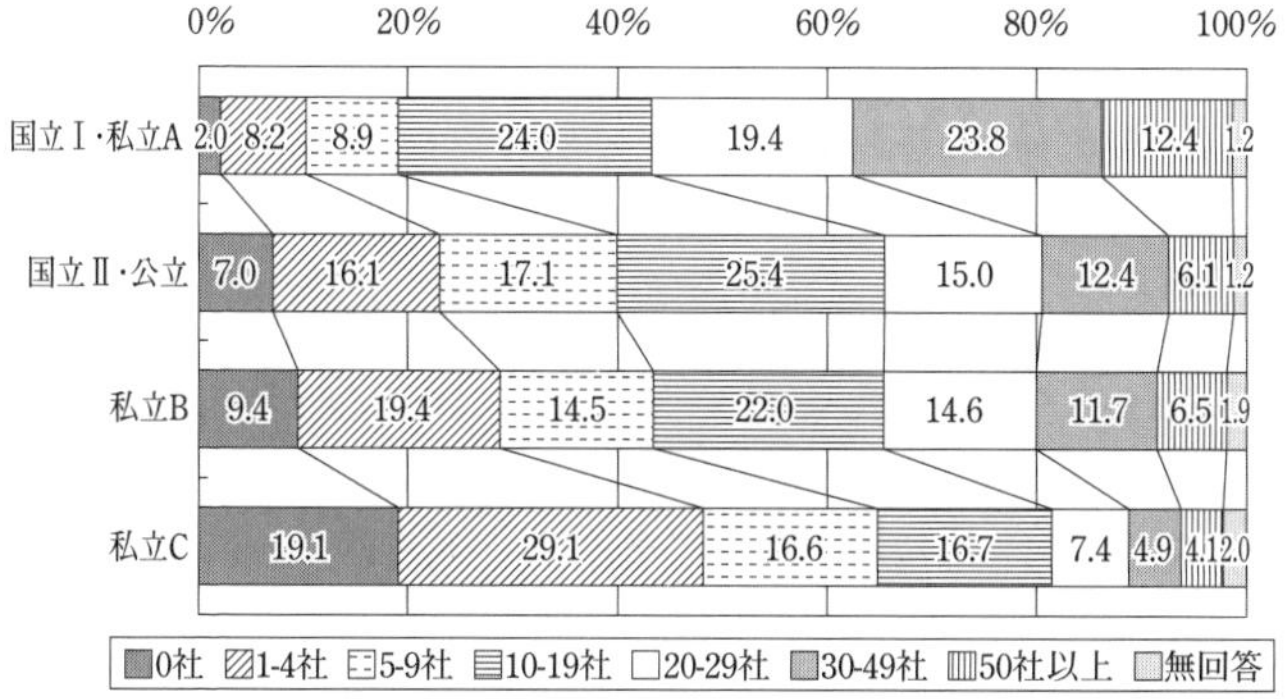

時期について、同様の累積百分率で示した。図表1-4から、就職ガイダンスへの参加時期では、「私立C」が三年生の初めの時期ではわずかに先行しており、三年生の夏休み前（七月まで）には三割以上の学生がガイダンスに参加していることが示されている。しかしながら、就職活動が本格化する三年生の秋になると、他の大学類型に逆転され、その後はむしろ遅れ気味となる。早期からのガイダンス等の実施は必ずしも「乗り遅れ」の防止につながっていないのが現状のようである。

(2) 就職活動の量

就職活動のプロセスにおいて、いつ、何をするかというタイミングとともに重要なのは、「どれくらい」行なうか、すなわち活動の量である。ここでは大学類型間で就職活動の量がどれほど異なっているかをみていく。

図表1-5～図表1-7には、それぞれ「エントリーシートを送付した企業数」、「説明会に参加した企業数」、「面接を

図表1-6　説明会に参加した企業数

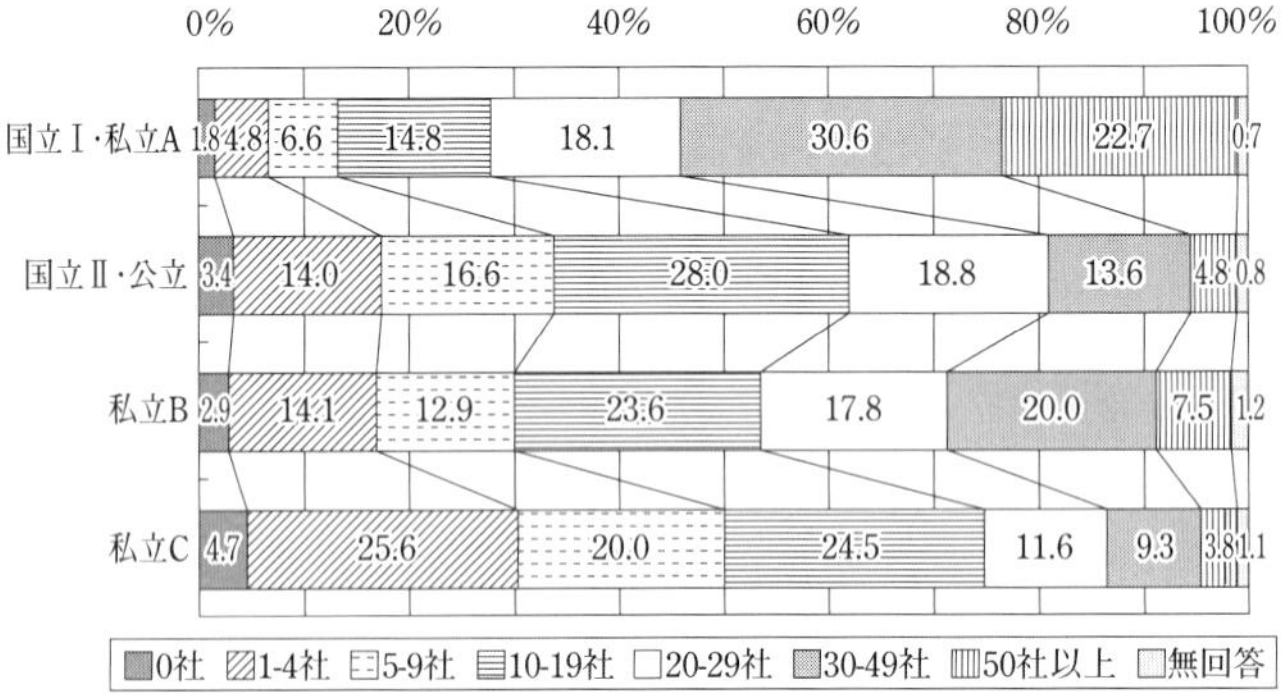

受けた企業数」の分布を大学類型別に示したものである。平均値で示すことも可能であるが、いずれの項目も分布が大きく右に裾を引くため（つまり多く活動している者は極端に多い傾向にある）、カテゴリー化して分布を示した方がむしろ「平均像」を適切に表すことができると考える。

いずれの活動をみても、「国立Ⅰ・私立A」の活動量が最も多く、「国立Ⅱ・公立」と「私立B」が就職活動のタイミングと同様にほぼ同程度でつづき、「私立C」の活動量が最も少ないことがわかる[3]。

企業への本格的な応募の第一段階となるエントリーシートの送付数では（図表1-5）、「国立Ⅰ・私立A」では三〇社以上とする者が約三六％であるのに対して、「国立Ⅱ・公立」、「私立B」はいずれも三〇社以上が一八％、「私立C」では九％程度にすぎない。反対に「〇社（提出なし）」という者まで含めると「私立C」の四八％の学生は五社未満しかエントリーシートを送付していない。「説明会に参加した企業数」（図表1-6）についても「三〇社以上」と回答した割

図表1-7　面接を受けた企業数

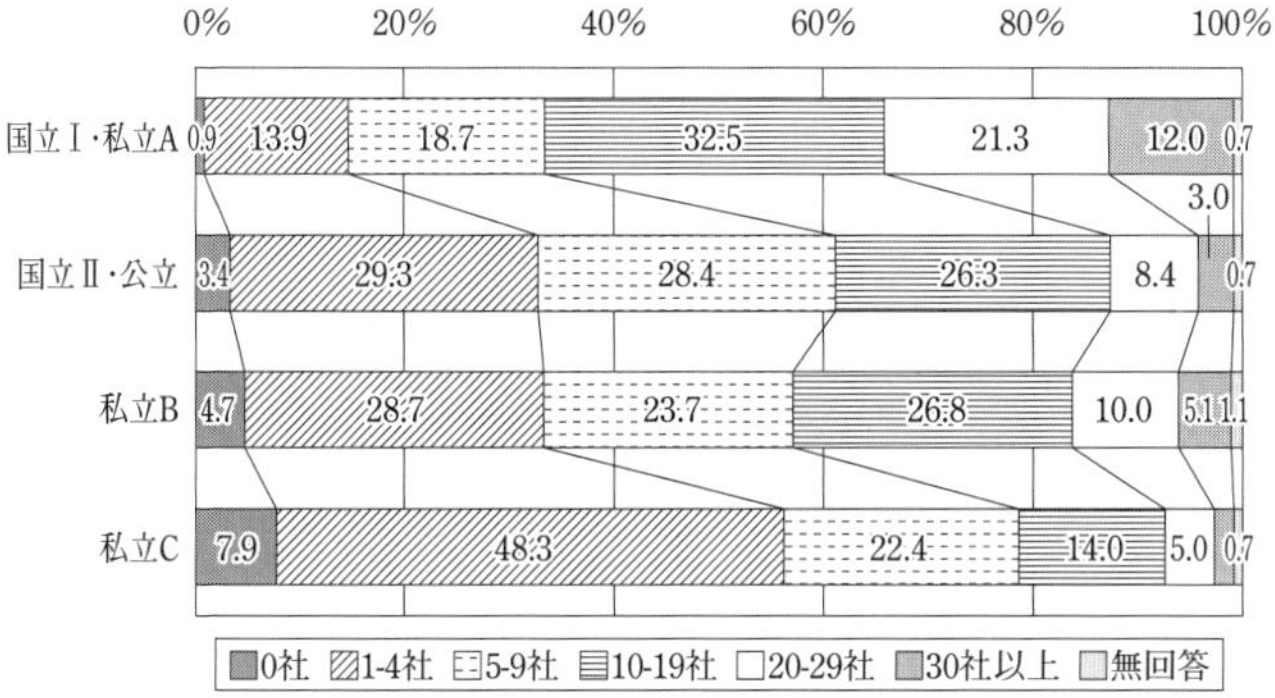

合をみると、「国立Ⅰ・私立A」五三％（五〇社以上も二三％）、「国立Ⅱ・公立」一八％、「私立B」二七％に対して「私立C」では一三％と活動量は少ない。ただし先にも言及したように企業との接触や応募の方法は、就職を希望する企業の採用活動の方法によって異なる可能性がある。とくに中小規模の企業では企業独自の説明会・セミナーやエントリーシートを採用していない場合もあろう。したがって調査項目以外の異なる方法により情報収集、応募をしていることで、これらの活動量が少ないことも考えられる。

　しかしながら、実質的な採用選抜の場である「面接を受けた企業数」（図表1-7）も「私立C」では他の大学類型に比較して少ないことは明らかである。「国立Ⅰ・私立A」では三三％の学生が二〇社以上受験しているのに対して、「私立C」では四八％の学生が「一～四社」しか受験していない。また面接に至る前に就職活動をやめてしまった者（＝〇社と回答した者）の割合も他の大学類型に比して「私立C」で高い。面接等に至る前の書類選考の段階ですでにスクリーニングされた可能性もあるが、情報収集、応募の段階での活動量の少なさとあわせて考えても、「私立C」の学生は受験企業を選ぶ段階ですでに少数の企業に就職活動の対象を絞り込んでいるのである。

このことは、「国立Ｉ・私立A」の学生たちは初期の段階では多数の企業に対してコンタクトをとり、面接で「不合格」になること、途中で自ら断ることも織り込んだ上で徐々に希望企業を絞り込んでいるのに対して、「私立C」の学生は早い段階から限られた範囲の（内定を獲得できそうな？）企業を選択するというように、就職活動へのアプローチの仕方が異なっていることを示している。こうした「私立C」における活動量の少なさ、アプローチの違いが、次節でみる「内定獲得時期」にも影響を及ぼしているかについては、第五節であらためて検討することにする。

（3）内定獲得時期

就職活動のタイミングや活動量など、就職プロセスの途中経過の大学類型による違いを明らかにしたところで、就職活動の結果である内定獲得時期の違いをみることにしよう。

図表１－８は、はじめて内定をもらった時期を大学類型別に累積百分率にして示したものである。いずれの大学類型においても三年生の三月下旬もしくは四年生の四月上旬頃から内定を獲得する者が本格的に現れはじめるが、その後の内定獲得状況は大学類型によって大きく異なっている。「国立Ｉ・私立A」では四月の一ヶ月間のみで約三五％の学生が最初の内定を獲得し、四月下旬には累積内定率が五〇％に達するのに対して、他の大学類型では四月下旬までの累積内定率は「国立II・

図表１－８　最初に内定を獲得した時期

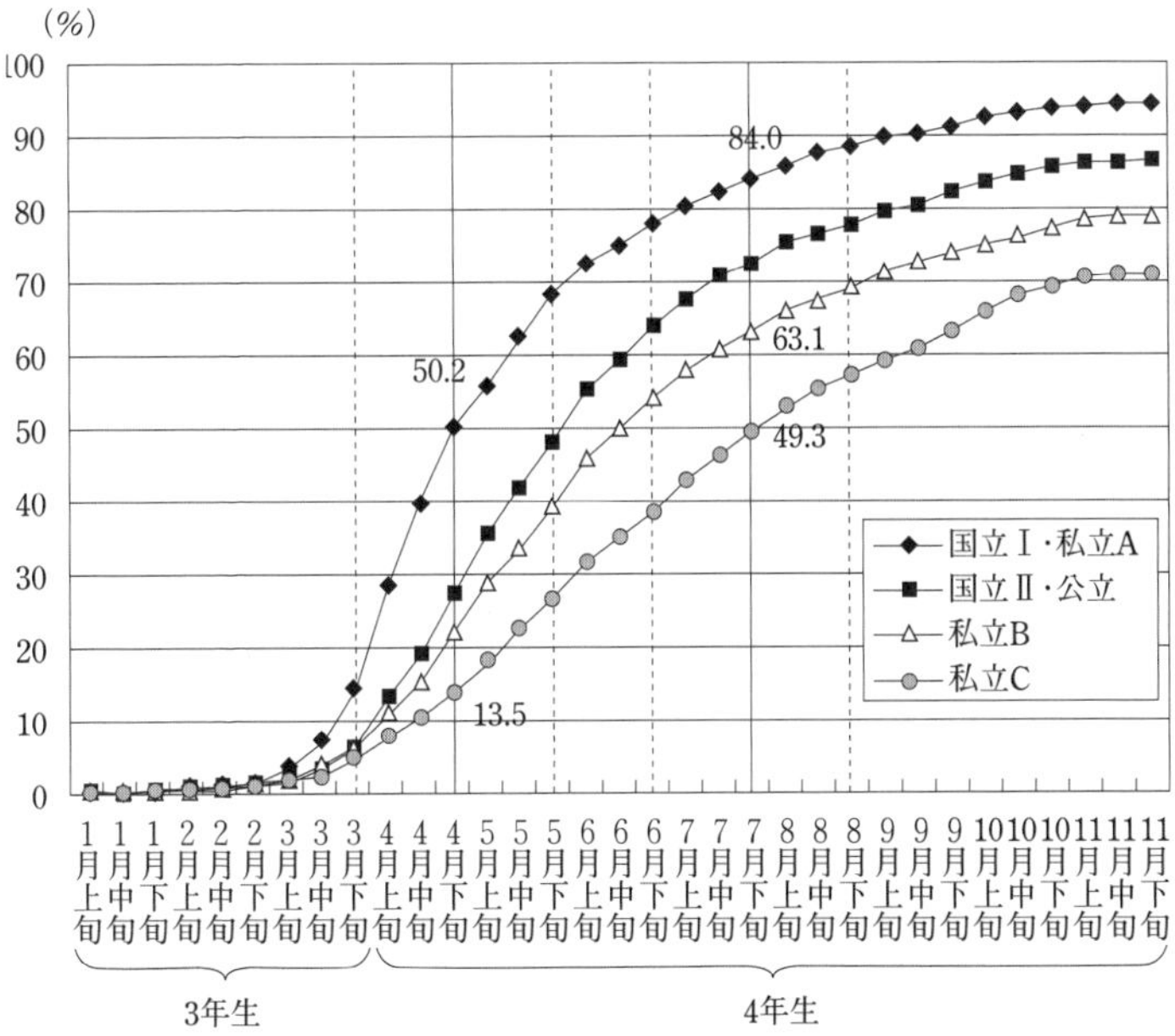

公立」二七％、「私立Ｂ」二二％、「私立Ｃ」では一四％にとどまっている。その後も「国立Ⅰ・私立Ａ」のように一ヶ月間の内定獲得率が三〇％を超えるような内定獲得時期の集中は他の大学類型では認められない。この傾向は「私立Ｃ」で顕著であり、調査時点の一〇～一一月までほぼ一定の割合で累積内定率は上昇している。グラフから明らかなように、「私立Ｃ」は内定獲得の時期が最も遅く（＝グラフが右側に位置する）、また内定獲得時期の分散も大きい（＝グラフの立ち上がりが緩やか）。「国立Ⅰ・私立Ａ」では短期集中型の活動が行なわれているのに対して、大学の選抜性が低くなるにつ

れ長期分散型の活動になっているのである。

内定獲得までのスピードの差異により、最も早い「国立Ⅰ・私立A」と最も遅い「私立C」の間の累積内定率の差は五月下旬に約四〇ポイントまで拡大するが、その後は少しずつ差が縮小する。それでも調査時点の一〇～一一月において内定を獲得している者は、「国立Ⅰ・私立A」では九四％に達するのに対して、「国立Ⅱ・公立」八六％、「私立B」七九％、「私立C」七〇％であり、相対的に低い水準にとどまっている。内定獲得率もまた大学の選抜性によって大きく異なっているのである。ただし、これはあくまで調査時点の数値であり、この時点で就職活動を継続している者もいるため、卒業時の最終的な内定獲得率はいずれの大学類型とともに上昇するとともに、類型間の差は縮小することに留意する必要がある。

5　内定獲得と就職活動プロセスの関係

(1) 内定獲得時期の規定要因

前節で示したように選抜性の低い大学ほど内定獲得の時期は遅くなる。たしかに図表1-2、図表1-3で示したように「国立Ⅰ・私立A」<「国立Ⅱ・公立」・「私立B」<「私立C」の順に遅れて就職活動の各行動を開始する者の比率が高く、そのぶん内定獲得の時期が遅れることは予想される。しかし活動開始時期の差と比較してみれば、内定獲得時期の差の方がより大きく、活動開始時期の

違いだけで内定獲得時期の差を十分に説明することはできない。すなわち同時期に活動を開始したとしても、選抜性の低い大学では早期に内定を獲得できる者となかなか内定を獲得できない者への分化が生じているとみるべきである。それでは早期に内定を獲得している学生とはどのような学生なのか。ここでは内定獲得までの期間の規定要因をイベントヒストリー分析（Ｃｏｘ回帰分析）とよばれる手法を用いて検討する。

イベントヒストリー分析とは、あるイベントが発生するタイミングに影響する説明変数の効果を明らかにする分析手法である。(4) すなわち、「内定獲得」というイベントが起こるまでの期間に対して、就職活動のプロセス（活動開始時期、活動量など）、大学生活における経験、性別や地域などの属性的要因が、どの程度、影響を及ぼしているのかを検証することができる。この手法を用いることの利点は、未だ「内定獲得」というイベントが起こっていない、すなわち就職活動をしたがまだ内定を得られていないケース（「中途打ち切り（センサリング）」ケースという）を分析対象に含むことができることにある。内定獲得までの期間を従属変数とする通常の重回帰分析を行なうことを想定した場合、未内定者については内定獲得までの期間を算出することができないため、分析から除外されてしまう。しかし未内定者をあらかじめ分析から除外してしまうと対象者の偏りが生じてしまい、現実の起こり方を正しく捉えられない可能性がある。現に調査時点において「私立Ｃ」では、就職活動を継続中の者、すでに活動をやめた者を含めて三〇％程度の学生は内定を得ておらず、「まだ内定を得られていない」という事実も情報として分析に含む必要があるのである。

具体的な分析の概要について説明する。従属変数に相当する内定獲得までの期間は、三年生の一月を起点として「はじめて内定をもらった時期」までの期間を用いた。したがって厳密にいえば内定獲得までの期間ではなく、内定獲得時期の規定要因を分析していることになる。本来であれば就職活動を開始した時期そのものを起点とした活動期間を用いたほうが望ましい。しかし、先に示したように活動の初期段階にあたる資料請求やエントリーシートの提出などは、個別の活動レベルではそれらを行なっていない学生も多く、いつの時点をもって就職活動を本格的に開始したかを特定することは難しいのである。また、内定を得られず就職活動を途中でやめてしまった学生については、活動を停止した時点において「中途打ち切り（センサリング）」ケースとするべきであるが、実際に活動をやめた時期は不明であるため、未内定者は全て調査時点である11月下旬における「中途打ち切りケース」とした。

いっぽう、内定獲得時期に影響を与える要因としてとくに注目するのは、就職活動の開始時期、就職活動の量、大学就職部（キャリアセンター）による就職支援の利用など、就職活動のプロセスである。就職活動の開始時期は、いずれの大学類型においても九割以上の学生が行ったとした企業説明会やセミナーにはじめて参加した時期を用い、「標準的な」開始時期である「三年生の一〜二月」を基準とし、「三年生の一二月まで」、「三年生の三月以降（もしくは参加なし）」のダミー変数を設定した。就職活動の量は、資料請求数、エントリーシートの提出数、受験企業数のいずれをとっても相互の相関が高い（＝たくさん活動している人は、どの項目についても活動量が多い）ため、ここでは「面接を受けた企業数」のみを用いた。具体的には「五～九社」を基準とした、「なし」、「一～四社」、「一〇～一九社」、「二〇～二九社」、「三〇社以上」のダミー変数である。大学就職部の利用については、「個別企業の情報・求人情報」、「OB・OGの名簿や紹介」、「履歴書・エントリーシートの書き方などの指導」についてそれぞれ利用したとする者を1としたダミー変数を設定した。

その他の説明変数の概要は以下のとおりである。

- 性別……………………………「男性」＝1、「女性」＝0のダミー変数
- 地域……………………………「関東」を基準とした、「北海道・東北」、「中部・東海」、「近畿」、「中国・四国」、「九州・沖縄」の各ダミー変数
- 専攻分野………………………「人文科学」＝1、「社会科学」＝0のダミー変数
- 大学の成績……………………優（A）を取得した割合
- 大学生活での経験……………「クラブやサークルでの活動」、「アルバイト」、「インターンシップ」のそれぞれについて、「とても熱心だった」（4点）～「まったく熱心でなかった」（1点）
- 公務員／教員採用試験の受験……公務員試験等を「受験して不合格になった」者を1とするダミー変数

なお、分析は大学類型別[5]に行ない、大学の選抜性によって規定要因にいかなる違いがあるかについてもあわせて検証する。

分析結果は図表1－9に示した。表中の係数（B）が正の値であれば早期に内定を獲得できていること、反対に負の値の場合には内定獲得時期が遅くなる（もしくは内定を得られない）ことを意味している。以下では本章の主要な関心の対象である「私立C」に焦点をあて、「私立B」、「国立Ⅰ・私立A」の結果と比較しつつ図表1－9を解釈する。

まず、活動の開始時期の影響では、企業説明会やセミナーへの「標準的な」参加時期である三年生の一～二月より遅れて開始した者の場合、いずれの大学類型においても内定時期は当然遅くなる。反対に「標準的な」時期よりも前に説明会等に参加した場合、「私立B」、「国立Ⅰ・私立A」では内定時期を有意に早めているのに対して、「私立C」では早期に開始することの効果はみられない。同様に活動量の影響についても、大学類型間で結果が異なる。面接を受けていない場合は内定を得られないのは当然であるとして、ここで注目すべきは「私立C」では「五～九社」を基準とした場合、「なし」を除き面接を受けた企業数は内定獲得時期に有意な影響を及ぼしていないことである。つまり他の要因の影響を一定にした場合、「私立C」では早期に内定を得た者もそうでない者も面接を受けた企業数に大きな差はないことになる。

これに対して、「私立B」、「国立Ⅰ・私立A」では「二〇～二九社」とした者で有意に内定獲得時期が早く、活動量の多さが早期の内定獲得に効果をもつ[6]。図表1－7で示したように約半数の学

図表１－９　内定獲得時期の規定要因（イベントヒストリー分析）

		私立C		私立B		国立Ｉ・私立A	
		B	Exp(B)	B	Exp(B)	B	Exp(B)
開始時期	３年生12月まで	.063	1.066	.198 **	1.219	.314 **	1.369
(最初の説明会)	３年生１～２月(基準)	－		－		－	
	３年生３月以降	-.521 **	.594	-.451 **	.637	-.371 *	.690
活動量	なし	-3.033 **	.048	-3.482 **	.031	-10.324	.000
(面接を受け	１～４社	-.101	.904	-.361 **	.697	-.052	.949
た企業数)	５～９社(基準)	－		－		－	
	10～19社	.122	1.129	.091 ＋	1.096	.455 **	1.576
	20～29社	.095	1.100	.175 *	1.191	.460 **	1.584
	30社以上	.035	1.036	-.010	.990	.222	1.248
性別	男性	.387 **	1.473	.218 **	1.244	.315 **	1.370
地域	北海道・東北	-.228 *	.796	-.255 **	.775	-.107	.898
	関東(基準)	－		－		－	
	中部・東海	.277 **	1.319	-.063	.939	-.415 **	.661
	近畿	.252 **	1.286	-.151 **	.860	-.158	.854
	中国・四国	.139	1.149	-.303 **	.739		
	九州・沖縄	-.290 *	.748	-.351 **	.704	-.355 **	.701
専攻分野	人文科学	-.215 *	.806	-.119 **	.887	.041	1.042
大学の成績	優の割合	.040 **	1.041	.022 *	1.022	.016	1.016
学生生活	クラブ・サークル	.063 *	1.065	.043 *	1.044	.064 ＋	1.066
	アルバイト	.139 **	1.149	.036	1.036	.069	1.071
	インターンシップ	.035	1.035	.059 **	1.061	.059	1.060
公務員試験等	不合格	-.266 **	.766	-.224 **	.799	-.250 **	.779
就職部の利用	企業情報	-.315 **	.730	-.273 **	.761	-.286 **	.752
	OB・OGの名簿や紹介	-.047	.954	.181 **	1.199	.243 *	1.275
	履歴書・エントリーシート	.075	1.077	.175 **	1.191	-.027	.973
ケース数		1569		3141		616	
うち、打ち切りケース（内定なし）		423		591		25	
-2対数尤度		15272.146		37148.023		6478.362	
カイ２乗		373.348 **		796.203 **		162.881 **	

** : p<.01, * : p<.05, ＋ : p<.10

生が一～四社しか面接を受けていない「私立C」においては、首尾よく早期に内定を得た学生であっても活動量は少ない。したがって、早期に内定を得られなかった学生が、周囲の学生と同じように活動しているにもかかわらず内定を得られなければ、少数の企業に断られただけにもかかわらず「自分は就職に向かないのでは」と考えたりしても不思議ではないのである。

大学就職部の利用の効果では、いずれの大学類型においても個別企業の情報・求人情報を得るために利用したとする学生で内定獲得時期が遅れている。これは就職活動の初期段階では就職支援サイトや企業説明会からの情報収集が中心であるのに対して、内定を得られない者が後になって就職部からの情報を利用するようになるためではないかと考えられる。またOB・OGの名簿の閲覧や紹介では、「私立B」、「国立I・私立A」では利用者の内定獲得時期を早める効果があるのに対して、「私立C」では有意な影響を及ぼしていない。就職活動におけるOB・OGの利用はかつてほど重要でなくなってきている（苅谷・岩内・平沢 1997）とはいえ、選抜性の高い大学では早期の内定獲得に影響を及ぼしていることは注目に値するだろう。履歴書・エントリーシートの書き方指導は、「私立B」のみ内定時期に有意な影響を与えている。指導を受けた者の割合は、「私立C」八四%に対して「私立B」八〇%となっていて大きな差はないのだが、「私立C」ではそもそも応募企業数が少ないため内定獲得に影響していないのではないかと考えられる。

その他の説明変数の影響は以下のとおりである。就職活動の時期や活動量を一定にした場合、女性より男性の方が、同じ「文系」でも人文科学よりは社会科学を専攻する学生の方が内定を獲得しやすい。地域の変数は、当該地域の労働市場の状況をコントロールするために導入したものであり、いずれの大学類型においても同様の傾向が現れることを想定していたが、結果は異なった。「私立B」および「国立Ⅰ・私立A」では関東が他のいずれの地域よりも内定獲得時期が先行しているのに対して、「私立C」では中部・東海、近畿の方が関東より有意に早く内定を獲得している。この結果は、関東に所在する「私立C」において、調査時点での未内定者の比率が中部・東海、近畿よりも高いことに影響されている。(7)

大学生活の影響をみると、「私立C」、「私立B」ともに大学の成績が良い者ほど、またクラブ・サークル活動に熱心に取り組んだ者ほど内定を獲得しやすく、また「私立C」ではアルバイト、「私立B」ではインターンシップにそれぞれ熱心に取り組んだ者ほど内定を獲得しやすいという結果が得られた。大学での学習であれ、課外活動その他であれ、学生生活に積極的に取り組むことが内定獲得につながっていることを示している。一方、「国立Ⅰ・私立A」ではこれらの変数はいずれも内定獲得時期に有意な影響を及ぼしていない。さらに付け加えると、いずれの大学類型においても公務員試験、教員採用試験等の資格試験を目指して不合格になった者では、就職活動を行ったとしても内定獲得時期は遅くなっている。

(2) 内定先企業規模の規定要因

就職活動を行なった結果、どのような企業に就職できるのか、より端的にいえば「良好な雇用機会」と目される大企業に就職できるチャンスが、大学の選抜性によって異なることはこれまで多くの実証分析によって明らかにされている。今回の調査データにおいても、図表1－1で示したように内定先の企業規模は大学類型によって大きく異なっていた。それでは同一の大学類型の内部において、大企業への就職率を規定する要因は何なのか、また大学類型によってその規定要因は異なるのか。とりわけ、本章で着目してきた活動の開始時期や活動量は大企業への就職チャンスに影響を及ぼしているのだろうか。ここでは、先の内定獲得時期の規定要因に関する分析と同一の説明変数を用いて検証する。

図表1－10は、大企業（従業員数一〇〇〇人以上）に内定した者を1、それ以外の企業に内定した者を0とするダミー変数を従属変数としたロジスティック回帰分析の結果である。ここでも「私立C」を中心に、他の大学類型との比較を行ないながら結果を要約する。

まず就職活動の開始時期（はじめて説明会等に参加した時期）の影響をみると、「私立B」では標準的なスケジュールである三年生の一～二月よりも早く開始した者で大企業に就職する確率が高く、反対に三月以降に遅れて開始した者で大企業への就職率は低くなり、早く開始した者ほど大企業に就職していることがわかる。「国立Ⅰ・私立A」においても、早期に開始した者の大企業への就職率が高い（ただし有意水準はいずれも一〇％未満である）。これに対して「私立C」では三年生一二月までの早期に開始した者、三月以降に開始した者のいずれの係数も有意ではない。大学類型によってケース数が異なるため有意性のみでの判断は危険であるが、係数の値を比較してみれば「私立

図表1-10 大企業就職の規定要因（ロジスティック回帰分析）

		私立C		私立B		国立I・私立A	
		B	Exp(B)	B	Exp(B)	B	Exp(B)
開始時期	3年生12月まで	.180	1.197	.180 +	1.198	.365 +	1.440
(最初の説明会)	3年生1～2月(基準)	-		-		-	
	3年生3月以降	.042	1.042	-.220 +	.802	-.251	.778
活動量	1～4社	-.120	.887	-.315 *	.729	-1.042 **	.353
(面接を受け	5～9社(基準)	-		-		-	
た企業数)	10～19社	.172	1.188	.025	1.025	-.025	.975
	20～29社	.192	1.212	.276 +	1.318	-.055	.947
	30社以上	-.356	.701	.176	1.193	-.393	.675
性別	男性	.181	1.198	.208 *	1.231	.088	1.092
地域	北海道・東北	-.121	.886	-.341	.711	.395	1.484
	関東(基準)	-		-		-	
	中部・東海	-.625 **	.536	-.328 *	.721	-.033	.968
	近畿	.173	1.189	-.032	.968	.540 *	1.716
	中国・四国	-.622 +	.537	-.674 **	.510	／	
	九州・沖縄	-.512	.600	-.060	.942	.214	1.239
専攻分野	人文科学	-.221	.802	-.222 *	.801	.072	1.075
大学の成績	優の割合	.046	1.048	.027	1.027	-.075 +	.928
学生生活	クラブ・サークル	.112 *	1.118	.039	1.040	.061	1.063
	アルバイト	.051	1.053	.065	1.068	-.002	.998
	インターンシップ	.020	1.021	-.018	.983	.180 +	1.197
公務員試験等	不合格	.130	1.139	-.106	.899	-.372	.689
就職部の利用	企業情報	-.017	.983	.004	1.004	-.023	.977
	OB・OGの名簿や紹介	-.005	.995	-.006	.994	-.004	.996
	履歴書・エントリーシート	.007	1.007	-.002	.998	.053	1.054
定数		-1.537	.215	-.820	.440	.209	1.232
ケース数		1159		2599		619	
-2対数尤度		1331.998		3294.654		777.032	
カイ2乗		39.587 **		98.764 **		52.284 **	

**：p<.01, *：p<.05, +：p<.10

C」では開始時期による影響が小さいことは明らかであろう。

活動量（面接を受けた企業数）の影響をみても、「私立B」、「国立I・私立A」では「一〜四社」と活動量が少ない者で大企業への就職率が有意に低くなっているのに対して、「私立C」では活動量による大企業就職への影響はみられない。「私立B」、「国立I・私立A」では極端に活動量が少ない場合、大企業に就職することは難しくなるのに対して、「私立C」では大企業に就職した者にあっても活動量は少ないことを意味している。

活動の開始時期および活動量以外では、いずれの大学類型においても有意な影響を及ぼしている変数は少ない。とくに「私立C」、「私立B」では内定獲得時期に対しては影響がみられた大学の成績や学生生活の経験も、「私立C」のクラブ・サークル活動を除いて大企業への就職に対しては効果を持たない。いいかえれば、大企業への就職チャンスは大学の選抜性によってそれだけ強固に規定されていて、同じ大学類型の中では大企業への就職の決め手になる要因は何であるのかを見極めることは難しいということである。

もし大学類型別に分析を行なわなければおそらく、早期から、より多く活動した者ほど、内定獲得時期が早く、大企業に就職可能という結果を得ることになるだろう。活動開始時期が早く、活動量の多い「国立I・私立A」において内定獲得時期は最も早く、また大企業就職率も最も高いからである。それゆえ「標準的な就職活動」に乗り遅れないことが重要だという認識は強化されていくのである。たしかに全ての学生が一斉に同じ方法で就職活動を行なっていることを前提にするならば、スケジュールに乗り遅れず、より多く活動した者ほど希望企業に内定する可能性は高まるであろう。ところが、こうした前提が「私立C」では必ずしも当てはまらないことはここまでの分析で示したとおりである。従来型の「大学から職業への移行」の理念型、すなわち大企業中心モデルでは非銘柄大学における就職決定のメカニズムは十分に説明できなかった。だとするならば、従来型の「標準的な就職活動」へと学生を枠付けるような就職支援の延長線上にある新たな方策を導入したとしても、果たして実効性を持つかどうかは疑問なのである。

6　おわりに

本章では、大学の選抜性（入学難易度）によって設定した大学類型ごとに、就職活動プロセスの特徴を記述したうえで、内定獲得時期および大企業への就職の規定要因に関する分析を行なった。これらの分析から得られた知見が、大学における就職支援、とりわけ未内定者が多い非銘柄大学における就職支援に対してもつ意味を考察する。

第四節で示したように、「私立C」の学生は、就職活動の開始時期がやや遅く、活動量は銘柄大学の学生と比較するとかなり少ない。内定を獲得した時期も他の大学に比べると遅く、また内定時期のバラつきが大きい。さらに、就職活動を継続していても一〇～一一月までに内定を獲得できていない者、途中で活動をやめてしまう者の割合も高い。

それでは、かれらの活動開始時期を早め、より多く活動するよう促すことによって、内定獲得に導くことは可能であろうか。本章での分析結果をみるかぎり、「早く」、「たくさん」活動することの有効性は疑わしい。第五節で行った内定獲得時期の規定要因の分析からは、標準的なスケジュールよりも遅れて活動を開始することはたしかに内定獲得に不利になるものの、「私立C」では早めの活動開始は必ずしも早期の内定に結びつかないことが示された。活動量に関しても、「私立C」では内定を獲得した時期によって面接を受けた企業数に有意な差はないことが明らかになった。さらに内定を得た学生に限ってみても、「良好な雇用機会」と目される大企業への就職に対して活動の開始時期・量は直接的な影響を及ぼしていない。少なくとも現状では、「早く」、「たくさん」活動することへの誘因を、周囲の学生の就職活動の状況から「私立C」の学生たちが見出すことは困難なのである。もちろん就職の目的や動機が曖昧なまま活動時期を早め、活動量を増やしても無意味であることはいうまでもない。

このように非銘柄大学の学生の就職活動は、就職支援サイトや就活マニュアル本が提示する「標準的な就職活動」（大企業中心モデル）とは、スケジュールや活動内容において乖離がみられるだけでなく、標準的な活動プロセスに「乗る」ことが必ずしも活動の「成功」を導いてくれるわけでもない。従来型の「大学から職業への移行」モデルは通用していないのである。ここで強調しておきたいのは、「標準的な就職活動」からの乖離の要因を非銘柄大学の学生の就職への取り組みに対する消極性のみに帰すべきではない、ということである。かれらが就職活動を行っている企業は、そもそも「標準的な就職活動」が想定している企業群とは異なっているがゆえに、活動方法やタイミングがずれているとみることが必要である。もちろん非銘柄大学の学生においても「標準的な就職活動」に沿って望ましい就職先を得る者は少なくない。その一方で時期や活動内容を異にする非標準的な活動を行なう（行なわざるをえない）学生の割合も銘柄大学に比べればきわめて多いことを本章の分析結果は示している。

多くの学生がそれぞれ異なる時期に異なる内容の活動を行なう（行なわざるをえない）、ここに非銘柄大学における就職活動、就職支援の困難さ・複雑さが存在する。必要とされる就職支援のタイミング、内容もまた個々の学生に応じて多様にならざるをえない。こうした個別的な支援を強化するためには、キャリアセンターなど就職支援に関わる部署に多数の人員を配置し、多くの資金を投入することも必要になるだろう。だとするならば、個々の大学における努力だけではおのずと限界がある。大学における就職支援とともに、外部の公的な支援機関等との連携等が今後はより求められるのではないだろうか。

注

（1）「国立II・公立」は中国・四国と九州・沖縄に立地する大学の学生が六八％を占めるので地域の影響が大きく現れる可能性があることに注意が必要である。また「国立I・私立A」には中国・四国に立地する大学は含まれていない。

（2）近年ではインターネットを通じた資料請求を「エントリー」とよぶことが多い。その影響か、資料請求を行なわなかったとする学生の割合は、他の諸活動と比較すると高くなっている。
（3）ただし、説明会に参加した企業は「国立II・公立」よりも「私立B」が多い。これは今回の調査対象校となった「国立II・公立」に含まれる大学の立地が、中国・四国、九州・沖縄に偏っていることに起因すると考えられる。
（4）イベントヒストリー分析については、中井（2005）に基本的な考え方、主要概念、適応事例などが簡潔に紹介されているので、参考にされたい。
（5）「国立II・公立」は先述のとおり中国・四国地域の大学に回答者が集中しているため、分析から除外した。
（6）ただし、「30社以上」とした者では有意な効果はみられず、むしろなかなか内定を得られない学生が多数の企業を受験せざるを得なくなっていることがうかがえる。
（7）「私立C」における調査時点での未内定率は、関東三二%に対して、中部・東海二一%、近畿二四%である。

文献

居神浩・三宅義和・遠藤竜馬・松本恵美・中山一郎・畑秀和　2005『大卒フリーター問題を考える』ミネルヴァ書房
苅谷剛彦・平沢和司・本田由紀・中村高康・小山治　2006「大学から職業へIII　その1――就職機会決定のメカニズム」『東京大学教育学研究科紀要』第四六巻、pp. 43-74
苅谷剛彦・岩内亮一・平沢和司　1997『大学から職業へII――就職協定廃止直後の大卒労働市場』、広島大学大学教育研究センター
谷内篤博　2005『大学生の職業意識とキャリア教育』勁草書房

中井美樹　2005「ライフイベントの統計分析――イベントヒストリー分析」『立命館産業社会論集』第四一巻第二号、pp. 77–85
平沢和司　2005「大学から職業への移行に関する社会学的研究の今日的課題」『日本労働研究雑誌』No. 542、pp. 29–37
堀健志・濱中義隆・大島真夫・苅谷剛彦　2007「大学から職業へIII　その2――就職活動と内定獲得の過程」、『東京大学教育学研究科紀要』第四六巻、pp. 75–98
溝上慎一　2004『現代大学生論　ユニバーシティ・ブルーの風に揺れる』日本放送出版協会

第二章　大学の就職・キャリア形成支援の現状と課題

堀　有喜衣

1　はじめに

本章の目的は、正社員内定獲得という観点から、大学の就職・キャリア形成支援の現状と課題について検討することである。

これまで大学生の就職活動は、行政や学校の保護のもとで行なわれる高校生の就職活動とは全く異なり、成人である大学生が主体的に就職活動をして内定を獲得するというイメージで捉えられてきた。自由で自律的な就職活動モデルを前提とする中で、研究室推薦の重要性や、ＯＢ／ＯＧの関与が良好な雇用機会に結びつく（苅谷 1997 など）などの制度的な関与が知見と見なされてきたのである。

しかし近年の大学進学率の上昇により、大学には大きな変化が押し寄せつつある。伊藤は今日の大学生が「学校が与え、課すものを依存的、他律的にこなす存在になってきている」と指摘し、大学生が「生徒化」したと表現する（伊藤 2002）。大学は内在的に「生徒化」する大学生の増加に対して対応を迫られると同時に、外在的には少子化による大学の生き残り競争の激化という大きな環境の変化に直面するようになった。大学の生き残り戦略は、受験生の興味を惹きそうな学部への改組やキャンパスの改善など様々な分野に及んでいるが、中でも戦略的に重要だと位置づけられているのは学生の就職であろう。卒業生がどのくらい就職できているのか、就職先はどこかというのは、学生本人のみならずスポンサーである保護者にとっても最大の関心事である。しかし現在の大学の就職・キャリア形成支援が学生の正社員内定獲得に与える影響については、これまで十分に検討されてこなかった。そこで本章は、大学の就職・キャリア形成支援の現状について概観するだけでなく、学生本人にとっての大学の支援の現実について検討する。

本章で用いるデータは、労働政策研究・研修機構が二〇〇五年一〇～一一月に実施した「大学生のキャリア展望と就職活動に関する実態調査」（調査1）、および「大学就職部／キャリアセンター調査」（調査3）である（調査の詳細は序章参照）。大学の選抜性は、私立A、私立B、私立C、国立、公立（ただし調査1は国公立がひとつの変数になっている）の五（四）類型による。(1)

調査1については序章で詳しく説明されている。各大学における学生の抽出は、できる限り該当大学の学生全体を代表する構成になるように依頼したが、学事日程等の都合で、内定者のみに配布した場合や一部の学部のみに配布した場合があるため、各大学の内定者割合が八割を超える場合、または回答数が三〇人未満の大学は、大学ランクごとの分析対象から除外した。大学ランク変数を用いた分析では、これらの条件をクリアした対象者のうち、進学（希望）者などを除いた一万一七四一人を対象として分析する。調査3については、序章をご覧頂きたい。

大学の選抜性を示す大学ランクは、入学者選抜方法や学生の出身学科とも対応している。一般入試を経ているのは全体の五五・七%であるが、大学の選抜性と入学者選抜との関連を見ると、国立の対象者の七八・九%は一般入試で入学しているが、私立Cでは三二・五%にすぎない。また、大学の選抜性と出身学科の関係をみてみると、大学の選抜性が低いほど、非普通科出身の学生の割合が増加する。特に私立Cではこれまで想定されてきたような「一般入試・普通科出身」である伝統的な学生の割合は低く、多様な学生を抱えるようになっていることがうかがえる。したがってこの点からも、大学は様々な学生に対する対応が求められるようになっていると言えよう。

本章の構成は以下の通りである。第二節では、大学就職部・キャリアセンターの現状を概観する。第三節では支援パターンを抽出し、移行との関連を選抜性に基づく大学類型ごとに整理する。この整理に基づき支援類型を作成し、第四節で支援類型ごとの特徴を探る。続く第五節では、支援類型がどのような役割を果たしているのかを総合的に検討する。第六節では知見を敷衍する。

図表２-１　大学ランクと就職支援組織（平均）

	卒業者100人当たり担当専任職員(人)	卒業者100人当たり担当兼任職員(人)	卒業者100人当たり担当教員(人)	卒業者100人当たり常勤職員(人)	卒業者100人当たり経費(万円)
私立A	0.6	0.1	0.3	0.6	126.9
私立B	1.0	0.2	0.4	0.9	258.5
私立C	1.5	0.3	1.1	1.5	315.8
国公立	0.4	0.3	0.4	0.5	99.4
合計	1.0	0.3	0.6	1.0	221.9

2　大学就職部／キャリアセンターの現状

本節では調査2を用いて、大学就職部・キャリアセンターの現状について概観する。

かつては就職部と呼ばれた大学の機能は、キャリアセンターという名称に再編されつつある。名称の変化は、卒業後の離職率の高さに対応して、就職の一時点だけでなく将来のキャリアを見据えた支援が必要だという認識の変化が反映されたものであるが、まだ就職部という名称を用いている大学も半数あまりを占めているため、以下本章では大学就職部・キャリアセンターと呼ぶことにする。

大学就職部・キャリアセンターの就職支援組織について、図表2-1に示した。卒業生一〇〇人当たり平均を比較すると、私立Cが最も担当職員人数が多く、かつ経費ももっとも高くなっており、国公立や私立Aはいずれも低い。また図表は省略するが、私立Cでは、専門性を考慮した人事異動を四二・七％の

図表2－2　現在の支援の状況

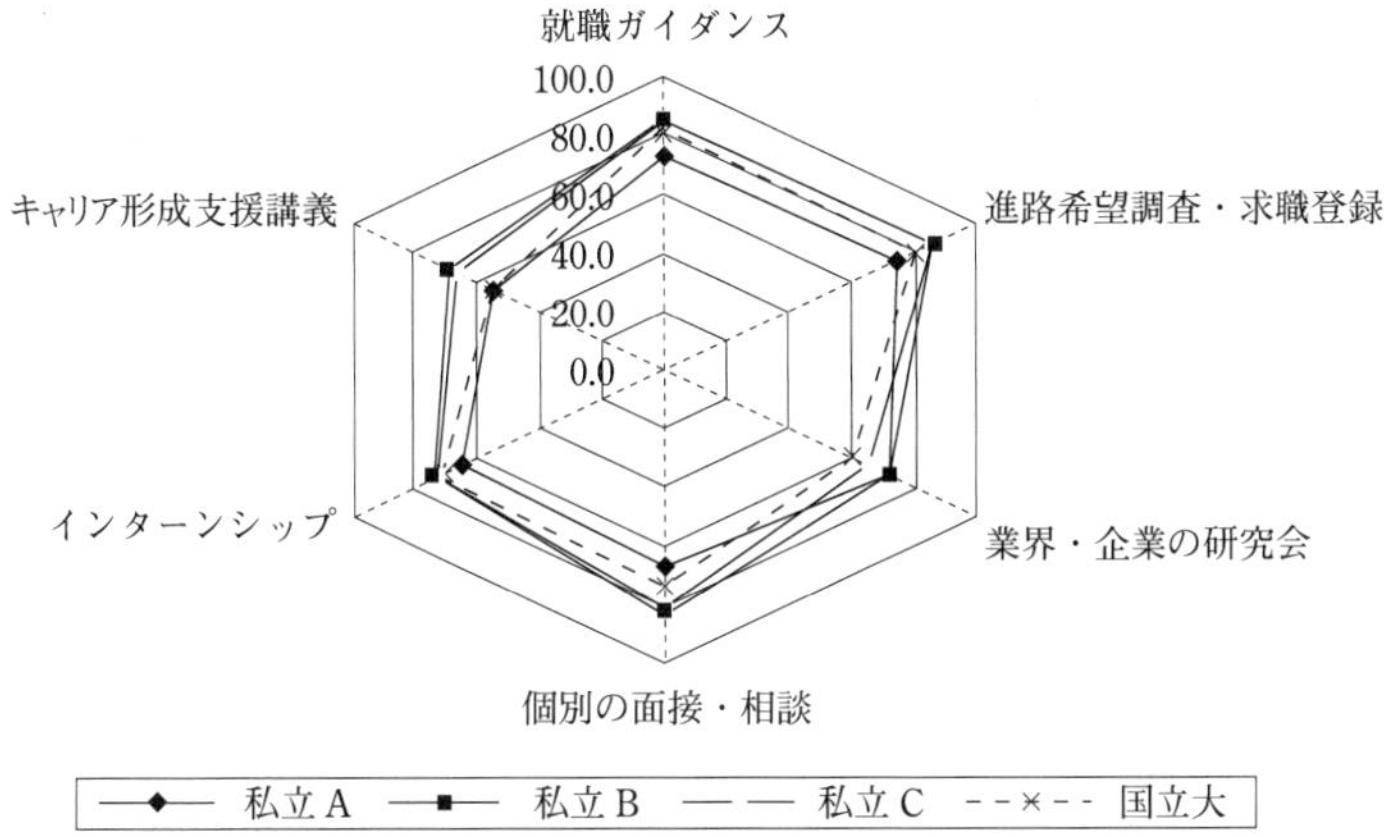

大学が行なっており、国公立のそれが九・八％であるのと比べると、きわだった特徴を見せている。

私立Cのこうした就職支援組織の特徴は、本調査の対象となった私立C大学のうちの三七・八％が九〇年代以降に設立された新設大学であるため、就職実績があまりないという労働市場での不利な状況に対応したものであると考えられる。竹内（1995）は、八〇年代後半の大手金融保険会社の事例研究から、指定校制をとっていない企業でも、採用大学と各大学からの採用目標数を設定して採用を行なっているが、採用大学の選定にあたっては、例年入社実績のある大学であるかどうかが主たる基準になっていると述べている。したがって新設大学は就職において不利になりやすく、この点を補う努力がなされていると推測できる。

実際にどんな就職支援を実施しているのか、代表的な支援をあげ実施状況を尋ねた（図表2－2）。私立A、国公立の実施度が全体として低くなっているものの、

図表2－3　今後の方向性（多重回答）

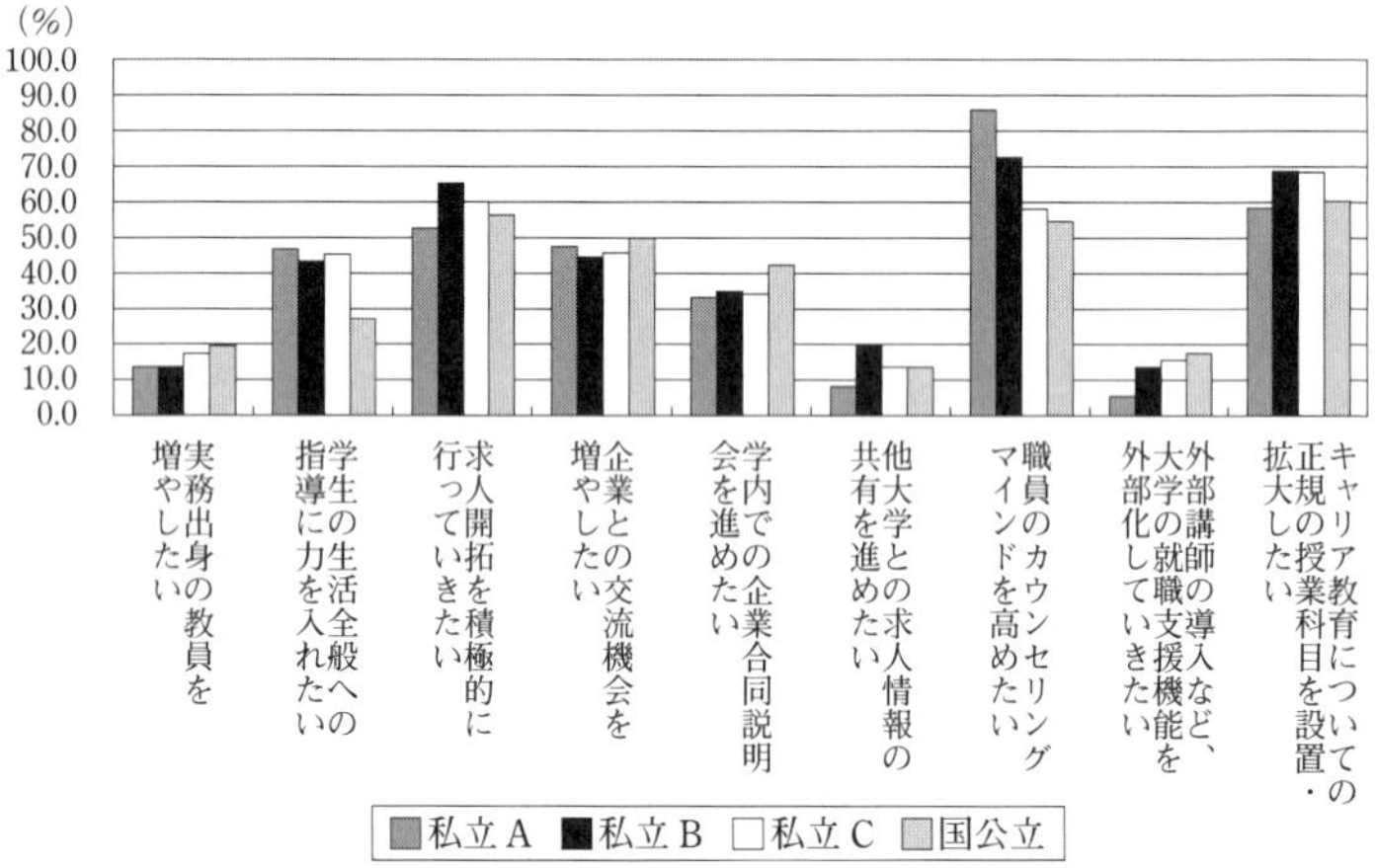

どの大学ランクにおいても、様々な支援が試みられていることがわかる。

各大学は様々な支援に力を入れつつあるが、今後の状況についてはどのように考えているのだろうか、図表2－3で検討した。全体としては「キャリア教育についての正規の授業科目を設置・拡大したい」、「職員のカウンセリングマインドを高めたい」が上位を占めた。

大学ランク別にみてみると、私立大学では共通して学生の生活指導への関心が高い。私立Aでは「職員のカウンセリングマインドを高めたい」割合が高く、私立B、私立Cでは「キャリア教育についての正規の授業科目を設置・拡大したい」「求人開拓を積極的に行なっていきたい」、国公立では企業合同説明会や支援機能の外部化のニーズが高くなっている。

以上から、大学ランクによって組織のありようや経費は異なっているものの、大学は就職・キャリア形成支援にかなり力を入れ、大学職員だけでなく大学教員も巻き込んで支援を進めようとしていることが浮かび上がってくる。学生が就職に直面する以前に、大学組織全体としてかつ講義を通じた働きかけを通じて、学生の就職・キャリア形成支援を進めていくという方向性である。こうした早期からの包括的な支援というのは、「生徒化」する学生に対応したものであろう。

しかしこうした大学の支援が学生に届いているかどうかは、別途学生調査から検討される必要がある。そこで以下では、学生側から見た支援の様相について検討する。

3　内定を獲得しやすい支援様式

次に調査2を用いて、学生の就職活動の実態を検討する。

調査対象者は卒業後、どのような進路を予定しているのだろうか。四年生秋の時点で内定を得て就職活動を終えている者が五八・八％、内定はもらったが就職活動を継続中の者が四・八％、まだ内定をもらっておらず就職活動を継続中の者が一四・五％いた。これに対して、内定企業がなく、かつ現時点で就職活動をしていないという者も一九・九％いた。

内定企業がなく、就職活動をしていない学生の約半数が、大学院・編入や留学、専門学校など、卒業後に何らかの就学を目指している。就学を目指す以外の予定進路についてみてみると、卒業後

図表２－４　就職のために活用した情報源（第１位）と予定進路（％）

	正社員内定	内定なし・就活中	無活動・就職希望	無活動・未定・迷っている
就職情報誌	2.4	4.4	7.1	7.0
就職支援ウェブサイト	46.5	34.6	46.2	43.2
会社説明会やセミナーなど	22.1	12.9	13.3	11.9
大学の就職関連行事・授業	3.4	5.2	3.1	4.3
大学の就職部／キャリアセンター	11.2	22.1	6.7	4.9
大学の先生	3.7	4.6	2.2	1.6
インターンシップ	1.0	0.7	2.2	0.5
ＯＢ・ＯＧ訪問	2.4	1.3	2.7	2.2
公的な就職支援機関	1.1	4.1	2.2	1.6
家族・親族・保護者	2.4	2.3	3.1	4.3
友人	3.0	3.7	3.6	7.6
その他	0.0	0.0	0.0	0.0
無回答	0.7	4.2	7.6	10.8
合計	100.0	100.0	100.0	100.0

について「未定・迷っている」という者が一一・七％、就業希望がありながら就職活動をしていない者が一三・一％いる。このほか、公務員や教員を希望している者（未内定）が一四・三％いる。

新卒求人への改善が著しい中でも、卒業しても進学も就職もしない学生が生まれているわけだが、以下では、「正社員内定（内定有・就活終了）」、「内定なし・就職活動中（未内定・就活中）」、「無活動・就職希望」、「無活動・未定・迷っている」に着目し、それぞれの就職活動について見ていこう。

「正社員内定」者と、「内定なし・就職活動中」「無活動・就職希望」「無活動・未定・迷っている」者の就職活動には差があるのだろうか、就職活動における情報収集と相談相手に着目して分析した（就職活動の質やタイミングについては、第一章を参照）。

図表2－4は、どのようにして情報収集をしているのかを予定進路別に検討したものである。正社員内定者と内定がない者において差が見られる項目として、「会社説明会やセミナーなど」がある。情報誌やウェブサイトの情報はパソコンの前に座ってクリックすれば誰にでも手に入る情報であるが、実際に自ら動いて初めて得られる情報には貴重なものが多い。

また、大学就職部・キャリアセンターの利用にも差が見られる。「正社員内定」や「内定なし・就活中」は、大学を活用している。「内定なし・就活中」が高いのは、大学を活用したために内定を得ていないのではなく、内定が得られなくても就職活動を継続しているのは、大学の支援が役立っているためだと推測できる。「無活動・就職希望」「無活動・未定・迷っている」では、内定者や活動継続中の者に比べて低くなっており、大学を十分に利用していないことがうかがえる。

次に、就職活動中の相談相手に着目してさらに検討を加えた（図表2－5）。「正社員内定」者に比べると、未定者の相談は不活発であり、特に先輩や大学の先生・職員・カウンセラーに相談する割合が低い。「内定なし・就活中」の場合は、大学の先生・職員・カウンセラーに相談する割合は正社員内定者とそれほど変わらないが、「無活動・就職希望」「無活動・未定・迷っている」学生では低くなっている。とりわけ迷っている学生においては、誰にも相談しなかった割合が高くなっており、迷っている学生が孤立する状況をうかがわせる。

3　内定を獲得しやすい支援様式

しかしこの設問はいくつでも○をつけてもらう設問のため、個人のレベルにおける支援について

図表２－５　予定進路別・就職活動中の相談相手

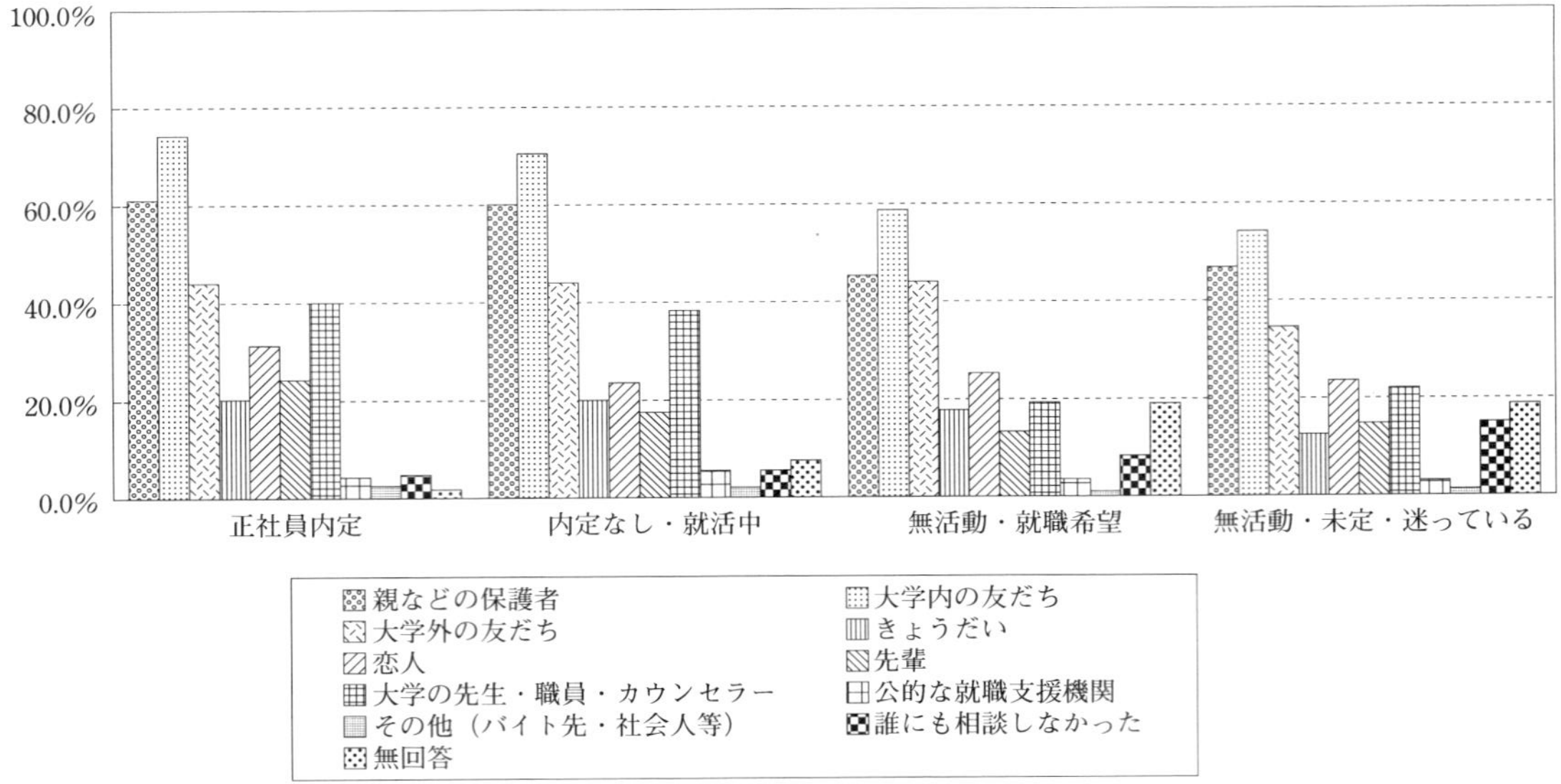

は不明である。また第一章で見たように、大学ランクごとにも就職率は異なっている。そのため次の分析として、個人ごとの支援パターンを抽出し、大学ランクごとに分析した。手順は以下のとおりである。

まず公的機関やその他については割合が低いことから除いた。また選択肢の数が多いことから、支援の提供先によって分類することにした。

保護者・きょうだいは家庭という集団であるという意味で同一の集団に分けられ、また友達は同年齢の集団と見なすことができる。学校を通じて得られる支援として、先輩と、大学の先生・職員・カウンセラーを分けて分析してみたが同様の傾向を示したため、同一の道筋とみなしてひとつに整理した。恋人は単独の支援とした。支援を計四つの経路から把握する。(2)

はじめに、経路の多様さを簡略に見るため、経路を足し合わせたものを図表2-6に示した。いずれにおいても、相談相手がない（経路数が0）は、正社員内定の割合は低くなっている。私立B、C、公立では、経路が多いほど内定率も高まっている。

私立Aは、一つ以上であれば正社員内定の割合はほとんど変わらず、支援の多様さによって、正社員内定割合が変化しない。私立Bは、一から二だと変わらないが、三以上だと内定の割合が高い。私立Cは経路が多いほど内定率が高まっているが、特に四だと高い。国立は多いほど内定率が高まっているわけではなく、二がもっとも正社員内定割合が高い。公立は経路が多いほど、内定率も高まる。

図表 2 - 6　経路のチャンネル数（%）

	数	正社員内定	内定なし・就活中	無活動・就職希望	無活動・未定・迷っている	計	N
私立A	0	75.6	17.1	2.4	4.9	100.0	41
	1	83.1	15.7	1.1	0.0	100.0	89
	2	83.9	10.7	4.0	1.3	100.0	224
	3	86.5	10.4	2.7	0.4	100.0	259
	4	82.7	11.8	1.8	3.6	100.0	110
	計	82.7	11.6	3.4	2.3	100.0	735
私立B	0	56.8	30.3	6.9	6.0	100.0	333
	1	67.1	26.1	5.3	1.6	100.0	833
	2	68.7	26.1	3.7	1.4	100.0	1587
	3	76.3	20.0	2.4	1.2	100.0	1443
	4	81.3	15.8	1.9	1.1	100.0	571
	計	68.3	22.3	6.2	3.2	100.0	4985
私立C	0	59.0	28.3	7.4	5.3	100.0	244
	1	63.9	27.9	5.1	3.1	100.0	513
	2	65.4	28.9	3.9	1.8	100.0	840
	3	65.1	29.4	4.2	1.3	100.0	744
	4	72.6	22.8	3.0	1.5	100.0	263
	計	61.8	26.7	7.1	4.3	100.0	2744
国立	0	54.9	33.1	8.5	3.5	100.0	142
	1	81.1	13.9	3.3	1.8	100.0	338
	2	84.3	12.0	3.2	0.5	100.0	626
	3	80.3	16.2	2.4	1.1	100.0	538
	4	78.3	17.7	2.4	1.6	100.0	249
	計	4.9	15.0	6.2	4.0	100.0	2013
公立	0	66.7	23.3	10.0	0.0	100.0	60
	1	81.6	15.3	2.6	0.5	100.0	190
	2	81.9	13.0	3.7	1.4	100.0	353
	3	84.6	14.0	0.3	1.0	100.0	286
	4	84.8	12.4	1.9	1.0	100.0	105
	計	78.8	13.7	4.7	2.7	100.0	1034

注：無回答は省略した。

図表2－7　支援類型と進路（%）

	類型	合計	正社員内定	内定なし・就活中	無活動・就職希望	無活動・未定・迷っている	N
私立A	孤立型	100.0	75.6	17.1	2.4	4.9	41
	学校型	100.0	84.4	12.4	1.9	1.2	411
	友達・保護者型	100.0	84.9	10.0	4.1	1.1	271
	合計	100.0	82.7	11.6	3.4	2.3	735
私立B	孤立型	100.0	56.8	30.3	6.9	6.0	333
	学校型	100.0	76.0	20.4	2.5	1.1	2284
	友達・保護者型	100.0	68.8	25.3	4.2	1.7	2150
	合計	100.0	68.3	22.3	6.2	3.2	4985
私立C	孤立型	100.0	59.0	28.3	7.4	5.3	244
	学校型	100.0	67.4	28.0	3.1	1.4	1327
	友達・保護者型	100.0	63.6	28.4	5.5	2.5	1033
	合計	100.0	61.8	26.7	7.1	4.3	2744
国立	孤立型	100.0	54.9	33.1	8.5	3.5	142
	学校型	100.0	80.3	15.9	2.8	1.0	828
	友達・保護者型	100.0	82.8	13.1	2.9	1.2	923
	合計	100.0	74.9	15.0	6.2	4.0	2013
公立	孤立型	100.0	66.7	23.3	10.0	0.0	60
	学校型	100.0	83.8	13.9	1.1	1.3	476
	友達・保護者型	100.0	82.1	13.5	3.5	0.9	458
	合計	100.0	78.8	13.7	4.7	2.7	1034

私立Aおよび国立については、経路と正社員内定率の明確な関連は見られないが、私立B、C、公立ではいずれも差が見られ、経路数が多いほど正社員内定率は上昇するという関係が存在する。

続いて、個別の組み合わせのパターンを分類したが、パターンの数が多いため、以下の三つの類型に分類した（図表2－7）。まったく相談相手のいない孤立型、学校が相談相手として選ばれていれば学校型、学校は選ばれず、保護者や友達が相談相手の場合には友達・保護者型とした

図表２－８　大学時代、熱心に行なったこと（私立Ｃ；％）

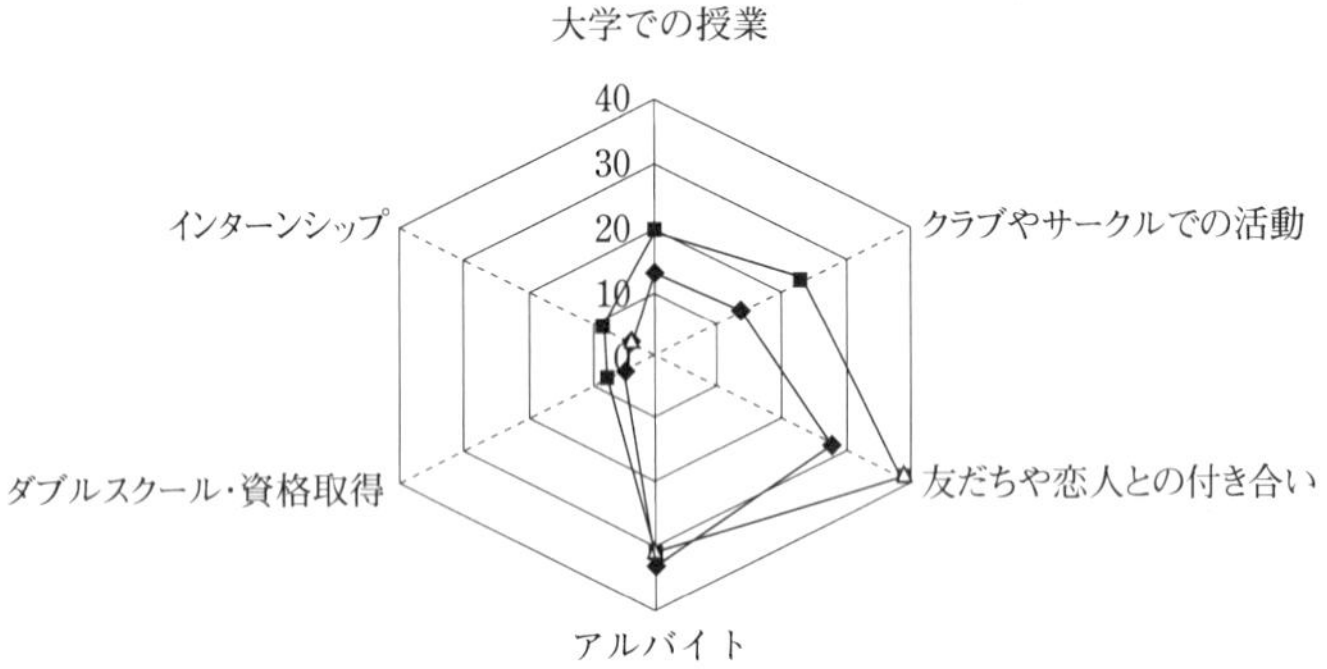

（パターンの詳細については、労働政策研究・研修機構 2007 参照）。

孤立型はどのランクでも正社員内定率が最も低いが、私立Ａ、国立、公立は、学校型と友達・保護者型の内定率が拮抗している。私立Ｂと私立Ｃは、学校型が正社員内定率が最も高い。(3) したがって、私立Ｂおよび私立Ｃのような選抜性の低い大学において、学校型の支援は正社員内定獲得に重要な影響をもっていると言えよう。

大学から見れば、大学を資源として活用できる学生は就職が決まりやすいということであり、学生を大学に円滑に定着させ、活動中の孤立化を防止することが就職支援において課題となる。

4　支援類型と大学生活

大学は特定の学生を対象として支援を行なっているわけではないため、所属大学の学生は同じように処遇され

図表2－9　支援類型と成績（優の割合：私立C）

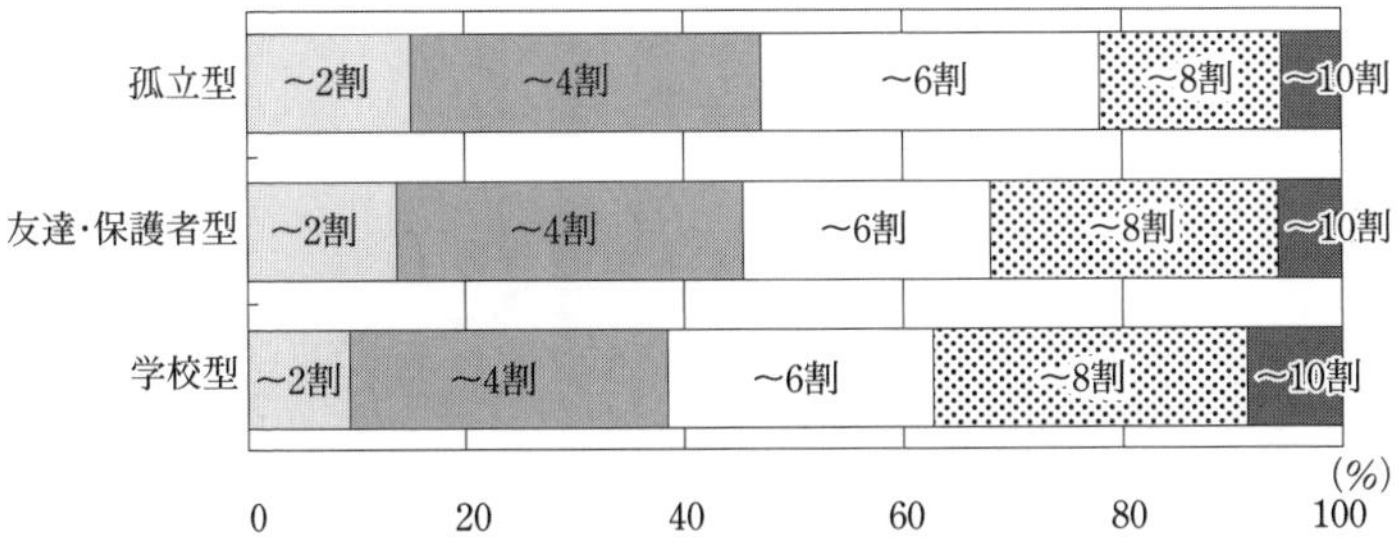

ているはずである。それではなぜ就職活動時に前節で見たような支援のヴァリエーションが生じるのだろうか。ここで私立Cの孤立型に焦点づけて分析してみよう。

彼らは大学時代、どのような生活を送ったのだろうか。大学時代、熱心に行なったことを尋ねてみると、私立Cにおいては（図表2－8）、孤立型はクラブ・サークルや友達や恋人との付き合いで、学校型や友達・保護者型との差が大きい。孤立型はアルバイトでは他の二つの類型と同程度を示しているものの、全体として大学生活が不活発である。

続いて、支援類型と成績について検討した（図表2－9）。学校型でもっとも成績がよい者の割合が高く、孤立型は成績が悪い者の割合が相対的に高くなっている。

それでは就職活動への参加においてはどうだろうか（図表2－10）。学校型と友達・保護者型についてはあまり差が見られない。孤立型はいずれにおいてもかなり低いが、特に自己分析、エントリーシートの提出、人事面接への参加の度合いが低く、具体的な就職活動には足を踏み入れていない者が多いことが分かる。

図表2－10　支援類型と就職活動（私立C）

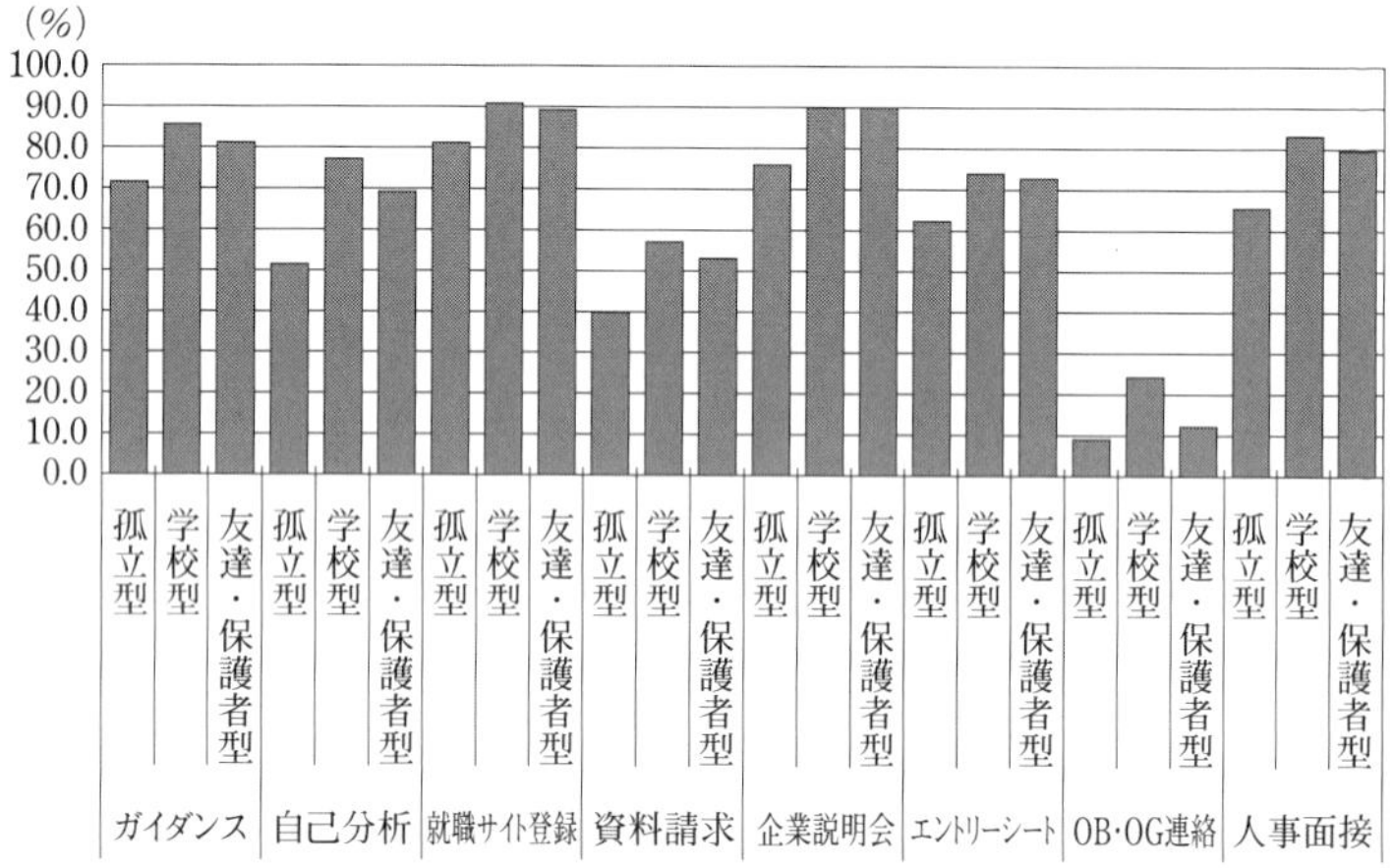

以上から浮かび上がるのは、私立Cの孤立型は、クラブ・サークルや友達や恋人との付き合いで熱心に取り組んだ割合が特に低く、成績がよくない者の割合が高いという学生像である。すなわち孤立型は就職活動ではじめて孤立したわけではなく、大学生活そのものにうまくなじめていなかった可能性が推測できる。その結果として就職活動をはじめても初期の段階でつまずき、そのつまずきを挽回するきっかけや支援を得られないまま、四年生の秋に至っているのである。

5　支援類型と正社員内定の規定要因

これらの支援タイプが正社員内定に影響を及ぼしているかどうかについて、二項ロジスティック分析により検討した（図表2－11）。使用した変数は以下のとおりである。

図表2-11　正社員内定と支援類型（ロジスティック分析：数値はB）

私立A			私立B			私立C		
男性ダミー	0.869	***	男性ダミー	0.4739	***	男性ダミー	0.497	***
理系ダミー	-0.682	***	理系ダミー	0.8311	***	理系ダミー	1.110	***
教育ダミー	-0.706		教育ダミー	-1.4521	***	教育ダミー	-1.605	***
地方ダミー	-0.487	*	地方ダミー	-0.6246	***	地方ダミー	-0.205	**
成績	0.104	*	成績	0.0223		成績	0.091	***
学校型	0.502		学校型	0.7601	***	学校型	0.444	***
保護者型	0.583		保護者型	0.3901	***	保護者型	0.303	*
援助	-0.017	**	援助	-0.0128	***	援助	-0.007	**
定数	0.986	*	定数	0.3419	***	定数	-0.458	**
Cox&SnellR2＝0.0497			Cox&SnellR2＝0.08073			Cox&SnellR2＝0.0739		
N＝731			N＝4784			N＝2653		

国立			公立		
男性ダミー	0.125		男性ダミー	1.360	***
理系ダミー	0.554	***	理系ダミー	0.731	**
教育ダミー	-1.611	***	教育ダミー	-2.252	***
地方ダミー	-0.297	**	地方ダミー	-0.602	**
成績	-0.051	*	成績	0.063	
学校型	0.566	**	学校型	0.851	*
保護者型	0.649	**	保護者型	0.584	
援助	-0.018	***	援助	-0.023	***
定数	1.555	***	定数	0.908	
Cox&SnellR2＝0.100			Cox&SnellR2＝0.1516		
N＝1911			N＝1000		

***0.01>p　**0.05>p　*0.1>p

性別：男子を「1」、女子を「0」とする男性ダミーを作成。

学部：文系（教育学部を除く）、理系、教育・その他、に分類。文系を基準に、理系ダミー、教育ダミーを作成。

地域：首都圏、中部・東海、近畿を「1」、北海道・東北、北関東、中国・四国、九州・沖縄を「0」とするダミー変数を作成。

成績：優の割合について自己評価。

援助：「就職活動にかかるお金（リクルートスーツ代、交通費など）を保護者に援助してもらった」

　という質問文に対する回答（1．よくあてはまる、から、4．まったくあてはまらない）

従属変数：「正社員内定」＝1、未内定者＝0
支援類型：リファレンスは「孤立型」

国立大学については、教育学部であること、地方であること、援助が少ないことはマイナスになっており、理系であることはプラスになっている。成績がよいことはマイナスになっている。支援類型は孤立型に比べて、学校型、保護者型ともプラスである。

公立大学については、教育学部であること、地方であること、援助が少ないことはマイナスになっており、男性であること、理系であることはプラスになっている。支援類型は孤立型に比べて学校型がプラスであるが、保護者型の効果は見られない。

私立Aは、教育学部であること、理系であること、地方であることはマイナスになっている。男性であること、成績がよいこと、経済的援助があることもプラスである。支援類型の効果は見られない。

次に私立Bは、男性、理系は文系に比べてプラスであり、教育学部、地方に立地することはマイナスである。支援類型は、学校型、保護者型とも孤立型に比べてプラスであり、保護者の経済的援助が少ないと正社員内定を獲得しにくい。

私立Cは、首都圏に比べて、北関東、中部、近畿、四国であることはプラスに働き、九州はマイナスになっている。また理系であることはプラス、教育はマイナスに働く。成績がよいことはプラスだが、保護者の経済的援助があることがマイナスになっている点が、他の大学類型とは異なっている点である。支援類型は、孤立型に比べて学校型、保護者型ともプラスである。

以上を整理すると、選抜性が同水準であっても、地方であると正社員内定は獲得しにくい。また国立を除くと男性であることが正社員内定にプラスであり、文系に比べて教育学部だと決まりにくく、理系だと決まりやすいという特徴がある。成績については国立大学ではマイナスになっていたが、公立、私立A、B、Cともプラスであった。

また支援類型については、私立Aでは正社員内定には効果はないが、国立、公立、私立B、私立Cでは効果が見られ、特に学校型の効果が現れている。ただし私立Cを除くと、保護者の経済的援助が少ないと正社員内定の割合は低下する。

6　おわりに

本稿は正社員内定獲得という観点から、大学の就職・キャリア形成支援に着目して分析を加えた。見出された知見は、以下のとおりである。

① 大学ランクによって組織のありようや経費は異なっているものの、どの大学ランクでも移行支援の取り組みは進みつつあり、大学職員だけでなく、大学の教員も巻き込んだ支援が進められつつある。

② 相談相手がなしというのは、どのランクにおいても、正社員内定の確率を下げていた。しかしチャンネル数については、私立Aではチャンネル数の増加は正社員内定の確率を上昇させていないが、私立B、私立C、公立はチャンネル数が正社員内定の確率を上昇させる。国立は一貫した傾向が見られない。

③ 相談相手のパターンを「孤立型」「学校型」「友達・保護者型」に分類してみると、「孤立型」はいずれの大学の選抜性においても正社員内定割合が低かった。また私立B、私立Cでは「学校型」の正社員内定割合が高いが、私立A、国立、公立は「学校型」と「友達・保護者型」にはあまり違いが見られない。したがって正社員内定率と支援の関連が明確なのは、私立Bおよび私立Cであり、正社員内定者においては大学が重要な役割を果たしていた。

④ 私立Cの孤立型の特徴を見ると、全般的に大学生活に消極的であり、就職活動では自己分析やエントリーシートの提出、人事面接にまでたどりついていない。就職活動での孤立は、大学生活の結果であることが推測できる。

⑤ 同じ選抜性の大学でも、地方は正社員内定が難しく、国立を除くと男性であることはプラスであり、文系に比べて教育学部だと決まりにくいという共通した傾向が見られる。私立Cを除

くと、保護者の経済的援助があると正社員内定は得やすく、国立を除くと、成績がよい方が就職は決まりやすい。「学校型」の支援類型は、私立Aについては正社員内定に効果はないが、国立、公立、私立B、私立Cでは効果が見られる。

6　おわりに

こうした知見から、次のような示唆が得られる。

第一に、正社員内定獲得における大学の就職・キャリア形成支援の重要性は、中位ランク以下の大学において現れていた。本稿の知見によれば、私立の上位ランクの大学や国立における支援の効果は限定的であったが、私立の中位以下ランクにおいては、学校の支援を利用することが正社員内定に効果をもっている。したがって大学の選抜性によって正社員内定率は異なるものの、より不利なランクの大学においては、大学の支援は正社員内定の確率を上昇させる。冒頭で確認したような中位以下ランクの大学における大学の支援の熱心さには合理的な理由が存在し、大学の選抜性による不利さを補償しないまでも、一定の効果を上げていると言えよう。

第二に、各大学において、低学年からのゼミの設定、キャリア教育科目を正規に設けるなど、多方面から支援の網がはりめぐらされつつあるが、まだ大学の支援を資源として利用しない学生層が孤立している。本稿で見たように、大学の就職・キャリア形成支援からの孤立は、就職活動以前の大学生活からはじまっている現象である。孤立を防ぐためには、早期からの支援が重要となる。

その際には、大学がすでに持っているもっとも重要な資源である、教育活動を通じた支援を核としながら、学生、大学職員、大学教員の協働作業として進めることが肝要である。

大学は以前から、実生活と乖離した知識ではなく、将来役立ちそうな知識を得たいという非伝統型学生のニーズに対してどのように答えるかという問題と直面している。こうしたニーズに対して居神ほか（2005）は、現在日本の大学において教養教育の位置づけが後退し、専門的職業人の機能ばかりが膨張しているが、教養教育を人間性の涵養を目的とすると捉えれば、教養教育は非伝統的な学生に対しても有効であると提起している。

この提言を実践的なレベルに敷衍してみると、本書の知見からは職業人養成機能と伝統的な高等教育における教育活動が交差する部分を見出すことができる。例えば第四章で明らかにされているように、就職する際に重要な「課題発見解決能力」や「自主性・主体性」などは、大学の講義の中でのグループ活動やゼミなどの教育活動を通じて身に付けることが可能である。これらは就職という狭い範囲だけではなく、大学を離れたあとに社会に参加していくという広い文脈の中においても重要な能力として役立つものであろう。知識がすぐに陳腐化する変化の早い社会においては、伝統的な教養教育が職業能力形成上も有効となる要素を備えていると見なすことができる。これまで十分に意識されていなかった教育活動の機能を顕在化させることは、多様化する学生を惹きつけるツールのひとつになると考えられる。

こうした教育活動を有効に機能させるためには、学生に大学での学習活動に対する意味づけを与える機会を増やしていくこと、教育活動が将来どのように役立つのかを明示化することが大学には求められる。大学も社会に出た際に意味ある教養教育とは何かについて、不断の検討を継続する必要があろう。

さらに自主性や主体性については、大学側が教育活動の中ですべての学生の参加を促し、学生が自分の活動の意義を感じられるような機会を演出することも重要である。同時にこうした試みは、学生を孤立させにくい仕組みとして機能する。大学職員と教員との緊密な情報交換のネットワークをさらに一歩進めれば、学生を巻き込んだ協働の場として大学を機能させることが求められよう。

ただしこうした一連の支援は学生の「生徒化」をいっそう促進するように機能するため、大学関係者のジレンマはいっそう高まるだろうこともあわせて指摘しておかねばならない。

第三に、同じような選抜性に位置しており、大学の就職・キャリア形成支援があっても、女性であること、地方に存在する大学であることは、正社員内定獲得に不利に働いている。今後さらに増加することが見込まれる女子学生に対しては、労働市場の違いをふまえた対応が必要である。

第四に、離学した時の状態がその後のキャリアを大きく規定する傾向が強まっている（堀編 2007）ことをふまえると、大卒労働市場では有利な立場にある大学の学生においても、離学する時点で正社員にスムーズに移行することの重要性はますます高まっている。なぜなら卒業時には上位ランクの大学の卒業者であることは有利に働くが、いったん非典型雇用として学校を離れると、学校歴だけでなく学歴の効果も十分に働かなくなるからである。これらの大学においては、在学中に同一大学の中で生じた「格差」をどのように縮小できるかが支援のポイントとなるだろう。

注

（1）設置者と入学難易度により類型化した。国立、公立、私立A（偏差値五七以上）、私立B（偏差値四六〜五六）、私立C（偏差値四五以下）。偏差値は、代々木ゼミナールの社会科学系の偏差値ランキングに基づく。私立Aはこれまで対象となってきた大学とほぼ一致する銘柄大学である。ただし、異なる学部を持つ大学においても、社会科学系によって大学の選抜性を分類しているため、大学ごとの分断的選抜を詳細に検討するものではないが、大まかな把握は可能である。

（2）単純に相談相手数カテゴリーを足し合わせてみると、五つまでは多いほうが正社員内定率は高くなるが、六つ以上のカテゴリーの人数は少なくなる。

（3）「就職活動にかかるお金（リクルートスーツ代、交通費など）を保護者に援助してもらった」という質問については、私立Aで「よくあてはまる」が特に高く、国公立で低い。またどの大学ランクでも、「よくあてはまる」ほど正社員内定率が高い。

参考文献

居神浩ほか　2005『大卒フリーター問題を考える』ミネルヴァ書房
伊藤茂樹　2002『青年文化と学校の九〇年代』教育社会学研究、第七〇集
苅谷剛彦ほか　2006「大学から職業へⅢ　その1」『東京大学大学院教育学研究科紀要』第四六巻
久木元真吾　2006「若者のソーシャル・ネットワークと就業・意識――大都市の若者の就業行動と移行過程」『労働政策研究報告書　No.72』
堀健志ほか　2006「大学から職業へⅢ　その2」『東京大学大学院教育学研究科紀要』第四六巻
堀有喜衣編　2007『フリーターに滞留する若者たち』勁草書房

竹内洋　1995『日本のメリトクラシー』東京大学出版会
松尾孝一　1999「九〇年代の新規大卒労働市場」『大原社会問題研究所雑誌』No.482

第三章　大学生の就職活動と地域移動

中島　ゆり

1　はじめに

本章では、大学生の就職活動の地域による相違に注目し、地域別の就職活動の特徴を明らかにするとともに、就職先を高校（地元）と大学所在地の二地点との関係で捉えた地域移動のパターンを抽出し、移動パターンに従ったキャリア形成支援の課題について検討する。

大学生の就職活動のプロセスや結果は、性別、専攻、大学の選抜性によって異なることが、これまでの研究で指摘されているが（苅谷 1995、岩内・苅谷・平沢編 1998）、地域要因の検討は限定されたものになっている。二〇〇五年の労働政策研究・研修機構の調査によれば、就職活動の開始時期や企業説明会の参加数、面接を受けた企業数、内定企業数は大学の所在地によって異なっている

（労働政策研究・研修機構 2006、七三―七四頁）。同調査の報告書（2006）には、また、就職活動の際の地域差の問題が学生の自由回答によって示されている。たとえば、Uターン就職のための情報が少ない、ネット上の情報が東京に偏っている、首都圏や主要都市でのみ説明会が行なわれている、就職活動での移動にかかる交通費や時間が都市部よりも地方で負担になる、などである（同報告書、九九頁）。

　地域によって交通の便や労働市場が異なることは明らかである。また、それぞれの地域には働くことについてのそれぞれ異なる規範が形成されていると予想される。それは地域移動に対する意識についても同様である。労働市場や規範の相違は、学生の就職活動にも影響を与えているであろう。とくに、地元で働くべきか否か、就職先の地域が未定でも働きたいかどうかといった、就職における地域移動の規範は性別によって大きく異なると考えられる。これまでの先行研究によれば（吉原 1995、仙田 1995、本田 1998）、就職活動にも性別による相違が存在している。仕事に対する性別規範が強い地域においては、より積極的なキャリア形成支援が男女の学生に必要となる。また、そういった地域の企業に対しては、大学のキャリア形成支援を超えた働きかけが必要となるかもしれない。この点については、本章の分析の範囲を超えるが、そういった意味でも、地域の分析は重要である。

　地域の特徴を把握することに加え、学生の地域移動のパターンを抽出することは就職活動を支援する側にとって重要である。大学のキャリア形成支援が大学周辺の労働市場のみを視野に入れているとすれば、Uターン就職などで大学所在地から離れて就職する学生にとって、その支援が不十分

図表3－1　エリア分類

エリア名	都道府県
北海道	北海道
東北	青森県、岩手県、宮城県、秋田県、山形県、福島県
関東	茨城県、栃木県、群馬県、東京圏（埼玉県、千葉県、東京都、神奈川県）
甲信越	新潟県、山梨県、長野県
北陸	富山県、石川県、福井県
中部	岐阜県、静岡県、愛知県、三重県
近畿	滋賀県、京阪神（京都府、大阪府、兵庫県）、奈良県、和歌山県
中国	鳥取県、島根県、岡山県、広島県、山口県
四国	徳島県、香川県、愛媛県、高知県
九州	福岡県、佐賀県、長崎県、熊本県、大分県、宮崎県、鹿児島県
沖縄	沖縄県

なものになっている可能性がある。

本章では、このような問題意識から、学生の地域移動パターンを抽出し、かれらに対しどのような支援が必要であるのかを考えるための基礎的資料を提示したい。本章では、「大学生のキャリア展望と就職活動に関する実態調査」（調査1）をデータとして用いる（調査の詳細は序章参照）。まず、学生の職業意識や就職活動に対する保護者の関わり方など、地域の特徴を明らかにし（第二節）、つぎに学生の地域移動パターンを抽出して、その規定要因を分析する（第三節）。最後に、現在の大学のキャリア形成支援の課題について検討する（第四節）。

2　地域の特徴

地域を分析するにあたり、本章では、全国の都道府県を距離、交通の便から考え、図表3－1のように一一のエリアに分類した。関東の一部と近畿の一部の都府県は、他の道県と比べて距離も近く、交通の便も良いため、埼玉県、千葉県、東京都、神奈川県を「東京圏」、京都府、大阪府、兵庫県を「京阪神」とし、一つの県と捉えて分析することにした(1)。

(1) 高校から大学への移動

まず、高校から大学への移動を確認する。大学進学先が高校所在地と同じ都道府県であるか、隣県であるか、同じエリア内であるか、他のエリアであるかを高校エリア別に見たい(図表3-2)。この分類では、他のエリアであっても隣に位置していれば「隣県」と定義した。また、北海道―青森県、京阪神―徳島県、岡山県―香川県、広島県―愛媛県、山口県―福岡県は隣県として定義し、沖縄県は隣県なしとした。さらに、北海道と沖縄は定義上「同じエリア」が存在しないためブランクとした。

性別の相違を見ると、同じ都道府県内で進学する割合は、関東、中国、九州では女性、甲信越、北陸、沖縄では男性の方が五ポイント以上多い。同じ都道府県内での進学と隣県への進学を足し合わせると、同隣県での進学率が男性の方が五ポイント以上多かったのは、東北と甲信越(東北一一・五ポイント、甲信越六・五ポイント)、女性の方が多かったのは関東、中国であった(関東五・二ポイント、中国一六・〇ポイント)。

地域別に見ると、北海道、関東、沖縄(男性)で同じ都道府県で進学した者は七割を超えている。

図表3－2　高校所在エリア別大学進学先

		北海道	東北	関東	甲信越	北陸	中部	近畿	中国	四国	九州	沖縄
男性	同じ県	87.3	39.4	75.2	58.5	41.3	44.9	66.4	26.1	24.9	46.2	81.9
	隣県	0.0	26.4	12.2	15.1	26.4	28.1	17.2	29.9	22.3	17.8	—
	同じ県＋隣県	**87.3**	**65.8**	**87.4**	**73.6**	**67.7**	**73.1**	**83.7**	**56.0**	**47.2**	**64.0**	**81.9**
	同じエリア	—	6.1	0.1	0.5	5.3	2.0	0.0	2.0	0.7	21.0	—
	他のエリア	12.7	28.1	12.5	25.9	26.9	25.0	16.3	42.0	52.0	15.0	18.1
	合計	100.0	100.0	100.0	100.0	100.0	100.0	100.0	100.0	100.0	100.0	100.0
	N	511	622	1694	571	375	1226	1508	609	269	1076	116
女性	同じ県	87.3	34.5	81.3	45.1	33.9	43.5	66.5	46.4	23.5	52.8	67.5
	隣県	0.0	19.8	11.4	22.0	38.6	28.3	20.2	25.6	27.5	14.9	—
	同じ県＋隣県	**87.3**	**54.3**	**92.6**	**67.1**	**72.5**	**71.8**	**86.8**	**72.0**	**51.0**	**67.8**	**67.5**
	同じエリア	—	2.4	0.3	0.4	1.3	1.5	0.1	5.5	1.0	17.1	—
	他のエリア	12.7	43.3	7.1	32.5	26.2	26.7	13.2	22.5	48.0	15.2	32.5
	合計	100.0	100.0	100.0	100.0	100.0	100.0	100.0	100.0	100.0	100.0	100.0
	N	465	536	2343	486	469	1085	1374	868	404	1372	126

注）北海道、沖縄は定義上「同じエリア」は存在しないためブランクとした。

「隣県」は他のエリアであっても隣の県であれば「隣県」と定義した。北海道－青森県、京阪神－徳島県、岡山県－香川県、広島県－愛媛県、山口県－福岡県は隣県とした。また、沖縄は隣県はないものとしブランクとした。

そのほかのエリアでも同隣県での進学率は、およそ七割近くを占める。すなわち、大学進学において、大きく地域移動しているのは三割である。例外的に、東北（女性）、中国（男性）、四国では同隣県での進学が少なく、他のエリアに進学した者が四割以上いる。東北（女性）は二八・二％が関東へ移動、中国（男性）は九州（二〇・四％）、近畿（一五・四％）、四国（一三・〇％）へ、四国は男性が近畿（二〇・八％）、九州（一六・〇％）に、女性は中国（二四・〇％）、近畿（一九・八％）に多く移動している（図表3‐3）。九州では他のエリアとくらべ、同じエリア内で進学した者が多いことに特徴がある（男性二一・〇％、女性一七・一％）。

ところで、他のエリアに進学する場合、高校所在エリアと性別によって移動先は異なる。前述の例のほか、たとえば、甲信越では関東（男性二〇・一％、女性三一・七％）、北陸は近畿（男性一〇・一％、女性一一・七％）、中部（女性）は関東（一二・四％）、中国（女性）は近畿（一一・六％）、沖縄は九州（男性一一・二％、女性一六・七％）に進学した者が多い。

（2）エリア別の学生の特徴

つぎに、学生の特徴をエリアを比較することによって明らかにしたい。

①居住形態

学生の居住形態はどのようであろうか。居住形態は地域の性別に関する規範を示す一つの指標と

図表3－3　高校所在エリア別大学所在エリア

高校エリア		大学エリア 北海道	東北	関東	甲信越	北陸	中部	近畿	中国	四国	九州	沖縄	合計	N
北海道	男性	87.3	1.8	5.5	1.2	1.2	0.6	0.6	0.4	0.2	0.8	0.6	100.0	511
	女性	87.3	1.5	5.2	1.5	1.1	0.4	2.2	0.0	0.0	0.4	0.4	100.0	465
東北	男性	9.2	68.8	**14.0**	4.2	1.3	0.6	0.8	0.5	0.0	0.0	0.6	100.0	622
	女性	8.2	49.8	**28.2**	7.6	2.2	0.7	0.9	0.7	0.0	0.6	0.9	100.0	536
関東	男性	1.8	3.3	86.2	4.1	1.2	0.5	1.1	0.2	0.2	0.8	0.4	100.0	1694
	女性	1.2	1.1	92.4	2.1	0.7	0.3	0.9	0.2	0.1	0.4	0.6	100.0	2343
甲信越	男性	1.6	3.0	**20.1**	63.9	4.2	3.5	3.0	0.2	0.0	0.4	0.2	100.0	571
	女性	1.4	1.4	**31.7**	50.8	4.3	6.2	2.5	0.2	0.2	1.0	0.2	100.0	486
北陸	男性	0.5	1.9	6.1	4.5	67.5	6.7	**10.1**	0.8	0.5	1.1	0.3	100.0	375
	女性	0.6	1.1	5.3	5.5	66.1	4.7	**11.7**	4.1	0.2	0.4	0.2	100.0	469
中部	男性	0.9	1.1	7.3	8.1	6.7	62.4	7.7	2.4	0.9	1.8	0.7	100.0	1226
	女性	1.1	0.5	**12.4**	4.7	3.8	63.2	9.7	2.7	0.4	0.7	0.9	100.0	1085
近畿	男性	1.5	0.6	1.9	2.2	3.7	2.4	79.1	4.2	2.0	2.0	0.5	100.0	1508
	女性	0.7	0.1	1.6	1.0	1.8	1.4	83.7	4.5	2.2	2.3	0.7	100.0	1374
中国	男性	1.6	0.5	4.9	1.1	1.0	2.0	**15.4**	38.6	**13.0**	**20.4**	1.5	100.0	609
	女性	1.2	0.3	3.9	0.8	0.7	0.7	**11.6**	62.9	8.8	8.6	0.5	100.0	868
四国	男性	1.1	0.7	6.7	0.7	1.5	3.7	**20.8**	8.9	39.4	**16.0**	0.4	100.0	269
	女性	1.0	0.2	6.2	1.0	0.7	1.5	**19.8**	**24.0**	38.6	6.7	0.2	100.0	404
九州	男性	0.8	0.3	2.3	0.9	1.0	1.0	2.0	3.8	1.0	84.9	1.9	100.0	1076
	女性	0.6	0.0	3.8	0.3	0.4	0.7	2.8	5.9	0.9	83.9	0.7	100.0	1372
沖縄	男性	0.9	0.0	3.4	0.0	0.0	1.7	0.9	0.0	0.0	**11.2**	81.9	100.0	116
	女性	0.8	0.0	4.0	0.0	0.0	1.6	2.4	7.1	0.0	**16.7**	67.5	100.0	126

図表3－4　進学移動パターンと居住形態

		同じ県	隣県	同じエリア	他のエリア
男性	家族と同居	79.2	30.3	3.7	4.4
	一人で生活	19.1	66.6	90.8	90.8
	その他	1.5	2.6	4.9	4.5
	無回答	0.3	0.5	0.6	0.3
	合計	100.0	100.0	100.0	100.0
	N	4825	1595	326	1831
女性	家族と同居	85.3	39.4	5.4	6.0
	一人で生活	12.8	56.0	87.3	85.7
	その他	1.7	4.5	7.3	8.2
	無回答	0.2	0.1	0.0	0.2
	合計	100.0	100.0	100.0	100.0
	N	5567	1783	331	1847

なる。たとえば、女性の一人暮らしは男性よりも心配されることが多く、また、就職の際に不利な条件となることもある。このように、性別と職業に関する地域規範と居住形態は関連していると予想できる。

進学移動パターンと居住形態の関係を見ると（図表3－4）、高校から大学への移動が同じ都道府県内であれば家族と同居している割合が多いが、エリアを離れるほど一人で生活することが多くなっていることが分かる。その割合は男女で異なり、いずれのパターンでも女性のほうが家族と同居の割合が高い。

つぎに、居住形態をエリア別に確認する。図表3－5によると、関東、中部、近畿で家族と同居している割合が七割近くと高く、その他のエリアでは三割から五割である。都市部で同居の割合が高いことから、交通の便が少なからず影響していると考えられよう。性別の相違を見ると、いずれのエリアでも女性のほうが家族と同居している割合が高く、北海道、甲信越、沖縄以外のエリア

図表3－5　大学エリア別居住形態

		家族と同居	一人で生活	その他	合計	N
北海道	男性	38.6	54.6	6.8	100.0	606
	女性	45.1	48.9	6.0	100.0	532
東北	男性	36.6	58.2	5.3	100.0	552***
	女性	52.4	45.7	1.8	100.0	328
関東	男性	66.0	31.2	2.7	100.0	1946***
	女性	69.0	26.6	4.4	100.0	2884
甲信越	男性	32.6	64.9	2.5	100.0	650
	女性	34.3	61.9	3.9	100.0	464
北陸	男性	39.1	59.6	1.3	100.0	473***
	女性	53.6	43.5	2.9	100.0	448
中部	男性	69.0	29.8	1.2	100.0	902**
	女性	73.5	24.2	2.4	100.0	803
近畿	男性	61.9	37.2	1.0	100.0	1552**
	女性	63.7	33.8	2.5	100.0	1595
中国	男性	31.2	66.8	2.0	100.0	407***
	女性	43.0	53.9	3.1	100.0	896
四国	男性	30.5	67.5	2.0	100.0	246**
	女性	42.9	52.5	4.6	100.0	280
九州	男性	37.8	59.4	2.8	100.0	1192***
	女性	46.7	48.4	4.8	100.0	1367
沖縄	男性	52.2	43.9	3.8	100.0	157
	女性	52.8	38.0	9.2	100.0	142

注）無回答は除いた。
＊はカイ二乗検定によって分析が統計的に有効か否かを示したもの。
＊＊＊ p＜.001、＊＊ p＜.01、＊ p＜.05

で統計的に意味のある差が見られた。とくに東北、北陸、中国、四国、九州では女性の同居の割合がおよそ一〇ポイント高くなっている。この分析からは、どのような規範が存在しているのかまでは明らかにすることはできないが、これらのエリアで性別規範が比較的強い可能性は否定できない。

②大学生の職業意識

大学エリア別の大学生の職業意識を確認したい。図表3－6は、「大学を卒業するときには、何が何でも

図表3－6　大学所在エリア別職業意識

		何が何でも正社員として就職したい				仕事に就いたらうまくできる自信がある			
		あてはまる	あてはまらない	合計	N	あてはまる	あてはまらない	合計	N
北海道	男性	83.3	16.7	100.0	606***	68.6	31.4	100.0	605***
	女性	74.0	26.0	100.0	534	54.5	45.5	100.0	532
東北	男性	86.6	13.4	100.0	552	65.9	34.1	100.0	552***
	女性	85.3	14.7	100.0	327	54.0	46.0	100.0	328
関東	男性	84.6	15.4	100.0	1944***	70.6	29.4	100.0	1938***
	女性	75.9	24.1	100.0	2876	57.1	42.9	100.0	2869
甲信越	男性	88.7	11.3	100.0	648***	61.5	38.5	100.0	647***
	女性	79.9	20.1	100.0	462	48.3	51.7	100.0	462
北陸	男性	86.4	13.6	100.0	472***	58.3	41.7	100.0	470***
	女性	77.6	22.4	100.0	446	44.4	55.6	100.0	446
中部	男性	85.6	14.4	100.0	897	65.7	34.3	100.0	897***
	女性	84.0	16.0	100.0	801	45.1	54.9	100.0	800
近畿	男性	83.1	16.9	100.0	1550**	71.4	28.6	100.0	1549***
	女性	79.0	21.0	100.0	1588	58.4	41.6	100.0	1589
中国	男性	87.0	13.0	100.0	407**	62.0	38.0	100.0	408**
	女性	79.4	20.6	100.0	893	52.1	47.9	100.0	890
四国	男性	83.3	16.7	100.0	246	64.0	36.0	100.0	247
	女性	84.4	15.6	100.0	282	56.0	44.0	100.0	282
九州	男性	84.0	16.0	100.0	1191***	64.9	35.1	100.0	1189***
	女性	75.7	24.3	100.0	1366	54.3	45.7	100.0	1364
沖縄	男性	62.2	37.8	100.0	156***	65.0	35.0	100.0	157**
	女性	38.5	61.5	100.0	143	49.3	50.7	100.0	142

注）無回答は除いた。「よくあてはまる」+「まああてはまる」を「あてはまる」、「あまりあてはまらない」+「まったくあてはまらない」を「あてはまらない」とした。
＊はカイ二乗検定によって分析が統計的に有効か否かを示したもの。***p＜.001、**p＜.01、*p＜.05

正社員として就職したい」かどうか、「仕事に就いたらうまくできる自信がある」かどうかを大学エリア別に示したものである。

「何が何でも正社員として就職したい」者は男女とも沖縄で低く、とくに女性で低くなっている（三八・五％）。性別の相違を見ると、四国以外のエリアで「あてはまる」の割合が男性のほうが高く、東北、中部、四国以外のエリアで統計的に意味のある差が見られた。とくに沖縄では二〇ポイント以上の差が見られた。

「仕事に就いたらうまくでき

女性で「あてはまる」と回答した者が五割に満たず、低くなっている。

はまる」の割合が比較的高いが、それでも六割に満たない。とくに、甲信越、北陸、中部、沖縄の

を超え、大都市圏の男性が自信があると回答する結果となった。女性も同様に関東、近畿で「あて

リアで統計的に意味のある差が見られた。とくに関東、近畿の男性で「あてはまる」の割合が七割

る自信がある」者もまた、いずれのエリアにおいても女性よりも男性の割合が高く、四国以外のエ

③保護者の関わり方

保護者の関わり方は経済的にも心理的にも学生の就職活動に影響するものと考えられる。つぎの図表3‐7は「私の親や保護者は、進路や就職先について具体的に意見や希望を言うことがよくある」かどうか、「就職活動にかかるお金（リクルートスーツ代、交通費など）を保護者に援助してもらった」かどうかをエリア別に示したものである。

保護者が具体的に意見を言うと回答した者は、関東、近畿の大都市圏で比較的少ない。性別の相違を見ると、いずれのエリアでも女性のほうが「あてはまる」と回答した者が多く、東北、関東、北陸、近畿、沖縄で統計的に意味のある差が見られた。

つぎに、「就職活動にかかるお金（リクルートスーツ代、交通費など）を保護者に援助してもらった」かどうかを見ると、ほとんどのエリアで六割以上の者が「あてはまる」と回答している。とくに関東と近畿の女性は七割以上が「あてはまる」と答え、これらの大都市圏のみで男女に統計的に

図表3－7　大学所在エリア別就職活動における保護者の関わり

		保護者が具体的に意見を言う				保護者に援助してもらった			
		あてはまる	あてはまらない	合計	N	あてはまる	あてはまらない	合計	N
北海道	男性	41.7	58.3	100.0	605	64.8	35.2	100.0	489
	女性	43.6	56.4	100.0	534	60.8	39.2	100.0	385
東北	男性	41.6	58.4	100.0	550*	68.1	31.9	100.0	458
	女性	48.5	51.5	100.0	328	65.6	34.4	100.0	262
関東	男性	36.6	63.4	100.0	1941**	67.0	33.0	100.0	1714*
	女性	41.3	58.7	100.0	2871	70.1	29.9	100.0	2476
甲信越	男性	41.1	58.9	100.0	649	64.6	35.4	100.0	539
	女性	46.2	53.8	100.0	463	67.3	32.7	100.0	392
北陸	男性	39.9	60.1	100.0	469**	59.6	40.4	100.0	379
	女性	49.7	50.3	100.0	447	59.3	40.7	100.0	344
中部	男性	41.3	58.7	100.0	899	64.8	35.2	100.0	809
	女性	45.8	54.2	100.0	801	63.4	36.6	100.0	694
近畿	男性	36.2	63.8	100.0	1548**	66.4	33.6	100.0	1265*
	女性	42.0	58.0	100.0	1587	70.3	29.7	100.0	1392
中国	男性	45.1	54.9	100.0	408	63.2	36.8	100.0	351
	女性	47.9	52.1	100.0	889	60.4	39.6	100.0	797
四国	男性	42.5	57.5	100.0	247	59.0	41.0	100.0	200
	女性	47.3	52.7	100.0	281	64.6	35.4	100.0	254
九州	男性	43.3	56.7	100.0	1188*	62.2	37.8	100.0	948
	女性	47.4	52.6	100.0	1366	65.6	34.4	100.0	1144
沖縄	男性	41.4	58.6	100.0	157	63.7	36.3	100.0	102
	女性	50.3	49.7	100.0	143	57.4	42.6	100.0	68

注）無回答は除いた。「よくあてはまる」+「まああてはまる」を「あてはまる」、「あまりあてはまらない」+「まったくあてはまらない」を「あてはまらない」とした。
＊はカイ二乗検定によって分析が統計的に有効か否かを示したもの。***p＜.001、**p＜.01、*p＜.05

意味のある差が見られた。

以上のように、居住形態、仕事についての意識、保護者の関わり方はエリアと性別によって異なっていた。ここまでの結果は以下のとおりである。

①とくに東北、北陸、中国、四国、九州で男性よりも女性の方が家族との同居の割合が高い。また、関東、中部、近畿という都市部で同居している割合が高い。

②正社員志向は、女性よりも男性で強く、沖縄では男女ともに弱い。

③仕事に自信がある者は、女性よりも男性で多く、とくに関東、近畿という大都市圏の男性で多い。
④保護者が具体的に意見を言うと回答した者は、関東、近畿の大都市圏で比較的少ない。また、男性よりも女性で多い。
⑤就職活動にかかる保護者の経済的援助は、いずれのエリアでも過半数の学生が受けている。とくに関東と近畿の女性でその割合が高かった。

（3）エリア別の就職活動プロセス

それでは、学生は実際にどのような就職活動をしているのか、そのプロセスについてエリア別に見たい。企業説明会やセミナーなどに出席した開始時期は、男性では沖縄以外で三年生の二月から三月に五割を超え、沖縄では四年生の七月に五割を超える。女性もまた多くのエリアで三年生の二月から三月に五割を超えるが、北海道では四年生の四月、沖縄では調査時点の四年生の一一月でも半数を超えない。

図表3‐8はそれぞれ男女別に、「企業で人事面接を受けた」開始時期の分布の累積率をエリア別に示したものである。まず、男性の図表を見ると、関東と近畿で三年生一二月から三年生三月までの間に人事面接を受けた人数が急増していることが分かる。人事面接を受けた人数は、関東、近畿、中国がもっとも早く五割を超え、つぎに、甲信越、四国、北陸、中部、九州、東北がつづく。

北海道は少し遅く、四年生の六月に五割を超える。沖縄は四年生の一二月時点でも五割を超えない。四年生一二月の時点で人事面接を受けたのが七割を超えているのは、関東、中部、近畿の都市部と、甲信越、中国である。

女性は男性よりも地域によるばらつきが大きい。男性と同様に、関東と近畿で三年生一二月から三年生三月までの間に人事面接を受けた人数が急増している。人事面接を受けた人数は、関東、近畿、四国で五割を超える時期が早く、つぎに九州、そして、東北、甲信越、北陸、中部、中国がつづく。東北、近畿では人事面接の開始時期が男性よりも早い傾向にある。北海道と沖縄では男性の人事面接の開始時期も遅かったが、女性はそれ以上に遅い傾向にある。北海道では四年生の九月、沖縄では四年生の一二月時点でも人事面接を受けた者の割合が五割を超えない。四年生一二月の時点で人事面接を受けたのが七割を超えているのは、関東、近畿の大都市圏と四国であった。

このように、関東、近畿という大都市圏で就職活動プロセスは早く進み、北海道と沖縄では遅い傾向にあることが分かった。また、性別によって人事面接の時期と割合は異なっていた。

（4）エリア別の進路

以上のような就職活動のプロセスを経て、学生は調査時点でどのような進路にすすむ予定であろうか。大学所在エリア別に学生の進路を図表3－9で確認しよう。男性では「正社員・公務教員内定」の割合は沖縄以外のエリアで五～六割程度である。沖縄は二五・五％と内定率が低い。そのほ

郵便はがき

恐縮ですが切手をお貼りください

112-0005

東京都文京区
水道二丁目一番一号

勁草書房
愛読者カード係行

（弊社へのご意見・ご要望などお知らせください）

・本カードをお送りいただいた方に「総合図書目録」をお送りいたします。
・HPを開いております。ご利用ください。http://www.keisoshobo.co.jp
・裏面の「書籍注文書」を弊社刊行図書のご注文にご利用ください。より早く、確実にご指定の書店でお求めいただけます。
・代金引換えの宅配便でお届けする方法もございます。代金は現品と引換えにお支払いください。送料は全国一律300円（ただし書籍代金の合計額（税込）が1,500円以上で無料）になります。別途手数料が一回のご注文につき一律200円かかります（2005年7月改訂）。

愛読者カード

65330-0 C3037

本書名　大学生の就職とキャリア

お名前《ふりがな》　　　　　　　　（　　　歳）

ご職業

ご住所　〒　　　　　　お電話（　　　）　　－

本書を何でお知りになりましたか
書店店頭（　　　　　　書店）／新聞広告（　　　　　　新聞）
目録、書評、チラシ、HP、その他（　　　　　　　　）

本書についてご意見・ご感想をお聞かせください。なお、一部をHPをはじめ広告媒体に掲載させていただくことがございます。ご了承ください。

◇書籍注文書◇

最寄りご指定書店			
市　町（区）	（書名）	￥	（　　）部
	（書名）	￥	（　　）部
書店	（書名）	￥	（　　）部
	（書名）	￥	（　　）部

※ご記入いただいた個人情報につきましては、弊社からお客様へのご案内以外には使用いたしません。詳しくは弊社HPのプライバシーポリシーをご覧ください。

図表3－8　人事面接の時期（累積率）

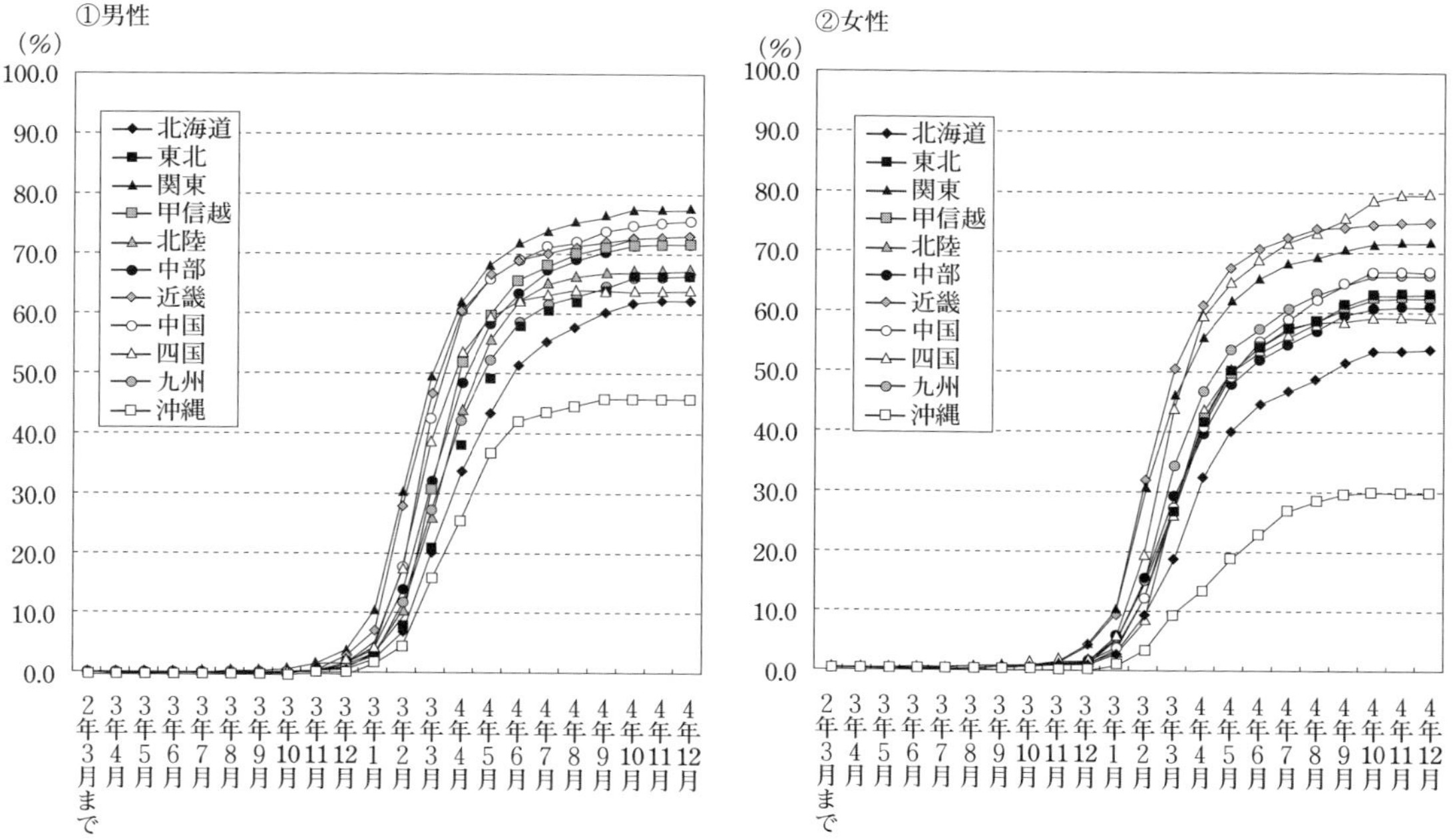

図表3－9　大学所在エリア別進路

		正社員・公務教員内定	契約・派遣・非常勤・その他内定	内定なし・就活中	無活動・大学院希望、留学・専門学校希	無活動・公務教員希望、資格試験	無活動・就職希望	無活動・未定・迷っている	その他・不明	合　計	N
北海道	男性	51.0	5.7	15.3	9.2	7.6	3.7	2.4	5.0	100.0	541
	女性	35.2	5.2	21.6	7.8	14.9	7.1	3.6	4.6	100.0	477
東北	男性	57.7	4.4	12.7	17.5	1.2	1.8	0.8	4.0	100.0	504
	女性	42.3	5.5	23.4	13.7	2.7	6.5	2.7	3.1	100.0	291
関東	男性	61.1	4.4	10.9	10.4	2.0	3.9	2.5	4.7	100.0	1629
	女性	50.8	6.7	16.1	9.5	2.1	7.3	3.3	4.2	100.0	2511
甲信越	男性	63.1	2.2	7.7	18.8	1.9	1.9	0.9	3.5	100.0	648
	女性	59.9	6.3	11.7	11.0	3.8	2.7	2.2	2.5	100.0	446
北陸	男性	53.5	3.9	7.0	22.5	2.3	2.0	2.3	6.5	100.0	355
	女性	46.2	5.5	16.2	14.1	5.8	5.1	3.0	4.2	100.0	433
中部	男性	54.8	4.5	19.0	8.2	3.1	5.1	2.3	3.0	100.0	732
	女性	52.6	5.3	22.7	6.0	4.4	3.3	2.3	3.4	100.0	732
近畿	男性	55.8	3.2	10.7	16.2	2.9	2.9	1.7	6.7	100.0	1368
	女性	54.7	7.0	15.8	9.4	3.6	4.2	1.6	3.8	100.0	1407
中国	男性	64.3	3.8	7.5	17.7	1.3	1.1	1.1	3.2	100.0	373
	女性	47.0	6.3	26.4	5.6	2.4	4.9	2.6	4.8	100.0	819
四国	男性	61.3	4.2	6.3	14.2	2.9	1.3	2.1	7.9	100.0	240
	女性	74.6	4.3	7.2	8.7	1.8	1.1	0.7	1.4	100.0	276
九州	男性	49.2	4.6	13.1	20.2	3.8	3.1	1.7	4.3	100.0	1053
	女性	47.1	8.1	17.5	12.6	5.6	3.5	2.7	2.8	100.0	1305
沖縄	男性	25.5	6.4	7.0	26.1	10.2	9.6	7.0	8.3	100.0	157
	女性	18.2	2.1	11.9	25.9	8.4	15.4	9.8	8.4	100.0	143

注）調査実施大学のうち内定率が80％以上であった大学、または回答数が30人未満の大学は分析から除外した。

か、北海道（五一・〇％）、北陸（五三・五％）、中部（五四・八％）、九州（四九・二％）で比較的、内定率が低いが、「内定なし・就活中」が一割以上いることから、本調査後に正社員に内定している可能性がある。

女性では「正社員・公務教員内定」の割合が五割を超えるのは、関東（五〇・八％）、甲信越（五九・九％）、中部（五二・六％）、近畿（五四・七％）、四国（七四・六％）のみである。北海道（三五・二％）と沖縄（一八・二％）で内定率がとくに低い。女性では「内定なし・就活中」の割合が男性よりも高く、とくに北海道、東北、中部、中国では二割を超える。図表3-8で示したように、女性は男性よりも就職プロセスが遅れる傾向にあるため、本調査後に正社員に内定している可能性がある。また、沖縄では一五・四％の女性が「無活動・就職希望」であるが、前述した通り、ほかのエリアとくらべて就職活動をしている割合が低い。沖縄では、ほかのエリアとは異なる就職プロセスが存在していると予想される。そのほか、北海道では「無活動・公務教員希望」が一四・七％と多いが、これは調査協力大学に教育学系の大学・学部が多く含まれているためだと推測される。

3 就職活動と地域移動

前節では、エリア別に就職活動プロセスと学生の職業意識、保護者の関わり方を見たが、この節では、就職にあたっての地域移動に焦点をあてる。学生は高校から大学へ、大学から勤務先へと地域移動をする。移動にあたっては、移動や職業についての個人の価値観、保護者や地域の規範、そして地域労働市場が影響を及ぼしていると予想される。

(1) 移動パターン

学生のなかには、大学周辺のみならず、地元に戻って就職活動をしたり、まったく別のエリアで就職活動をしたりしている者もいる。以下では、高校所在地を「地元」として理解し、就職先を高

図表3－10　移動パターン

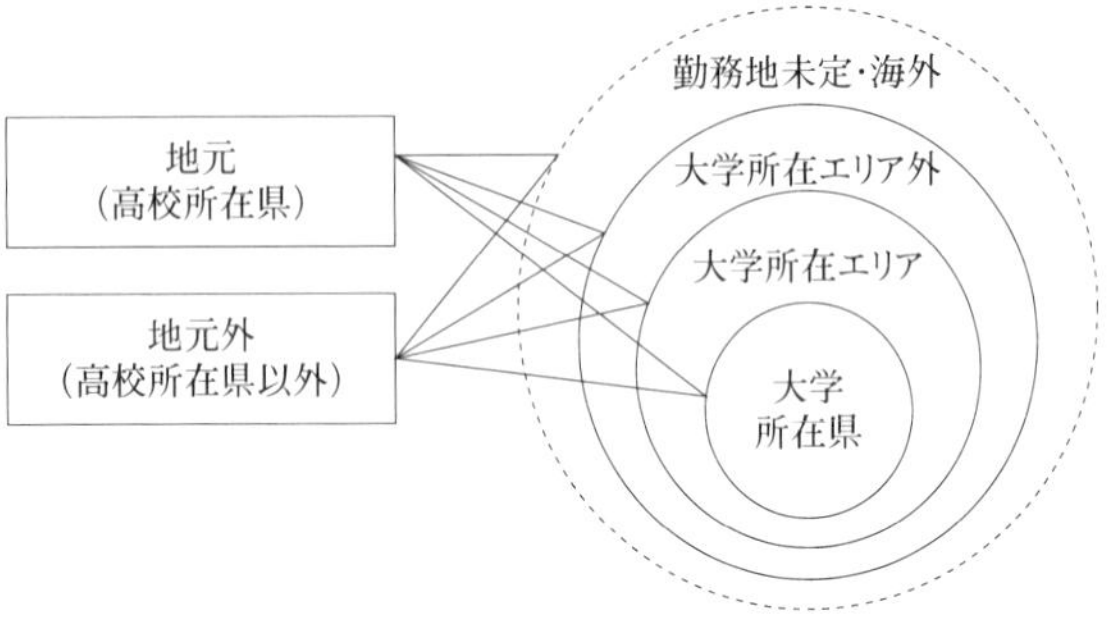

校と大学所在地の二地点との関係で捉えた地域移動のパターンを把握する。

図表3－10は移動パターンの概念図である。

大学所在県での就職は、学生にとって便がよく、大学の就職支援がもっとも得やすいことから、就職活動がしやすいパターンであると予想できる。これと比べて、大学所在エリアでの就職は、就職活動の行動範囲が広がるため、就職活動に若干の難が出ると思われる。大学所在エリア外での就職活動は経済的にも時間的にも負担であり、さらに大学の支援が届きにくいと予想される。

これらの傾向は、就職活動先が地元か地元外かによっても左右される。というのも、就職活動を大学から離れて行なったとしても、それが地元であれば、保護者の援助を得られたり、何らかのつながりをもっていたりするかもしれないからである。

そこで以下では、大学所在地からの距離（勤務地が大学所在県であるか、大学所在エリアであるか、大学所在エリア外であるか）と地元か地元以外かの二軸によって、六つのパターンに分類し、それに勤務地未定・海外を加えた七つのパターンに分類して分析する。本節では、「大学所在エリア」に「隣県」も含めた。たとえば、「大学所在県／地元」とは、高校、大学、勤務先がいずれも同じ都道府県であり、他の都道府県に移動していないことを意味する（以下、〈全地元〉とする）。逆に「大学所在エリア外／地元外」とは、就職先が大学所在エリア外で、かつ、地元でもない場所であることを意味している。

まず、大学所在エリア別にこれらの移動パターンの割合を見たい。図表3－11に、大学所在エリア別の移動パターンを示した。これを見ると、学生の移動パターンは大学所在エリア別、性別によって異なっていることが分かる。

まず、地元／地元外での就職かどうか、大学所在県／エリア／エリア外での就職かどうかを確認したい。地元で就職した者の割合は、男性では甲信越（六一・五％）、北陸（五八・七％）、中部（五二・三％）で過半数いる。反対に、東北、近畿、四国、九州の男性は地元就職が三割台である。女性では九州以外のいずれのエリアでも地元就職者が五割以上である。とくに、甲信越、北陸、中部、四国では地元就職者が六割を超えている。

大学所在地との関係で見ると、男性は、関東、中部で約五割が大学所在県で就職している。また、大学所在エリアでの就職は、北陸と四国で二割おり、比較的多い。北海道、北陸では大学所在エリア外での就職が三割と多い。女性では、北海道、関東、中部、近畿で五割以上が大学所在県で就職

図表3－11　大学所在エリア別移動パターン

		大学所在県		大学所在エリア		大学所在エリア外		未定・海外	合計	N	参考				
		地元	地元外	地元	地元外	地元	地元外				地元	地元外	大学所在県	大学所在エリア	大学所在エリア外
北海道	男性	34.8	4.9	—	—	6.8	23.3	30.1	100.0	365	41.6	28.2	39.7	—	30.1
	女性	53.0	6.4	—	—	6.4	12.4	21.8	100.0	234	59.4	18.8	59.4	—	18.8
東北	男性	19.2	5.5	8.1	2.6	3.5	21.8	39.2	100.0	344	30.8	29.9	24.7	10.8	25.3
	女性	35.6	6.9	9.4	3.8	6.3	15.0	23.1	100.0	160	51.3	25.6	42.5	13.1	21.3
関東	男性	39.1	11.3	4.5	2.4	4.4	3.1	35.2	100.0	1376	48.0	16.9	50.4	6.9	7.5
	女性	47.5	12.3	4.5	1.9	2.8	1.5	29.5	100.0	1768	54.9	15.6	59.8	6.4	4.3
甲信越	男性	44.3	1.9	10.2	5.8	7.0	10.2	20.6	100.0	431	61.5	17.9	46.2	16.0	17.2
	女性	42.4	6.1	12.8	4.0	11.4	10.1	13.1	100.0	297	66.7	20.2	48.5	16.8	21.5
北陸	男性	25.2	3.8	20.5	2.2	12.9	16.7	18.6	100.0	317	58.7	22.7	29.0	22.7	29.7
	女性	21.4	3.7	34.2	1.6	8.2	9.5	21.4	100.0	243	63.8	14.8	25.1	35.8	17.7
中部	男性	41.2	8.6	8.6	6.0	2.5	5.0	28.1	100.0	602	52.3	19.6	49.8	14.6	7.5
	女性	48.8	9.2	18.2	3.6	1.7	5.1	13.3	100.0	467	68.7	18.0	58.0	21.8	6.9
近畿	男性	26.1	6.1	4.6	1.8	3.5	9.9	47.9	100.0	999	34.2	17.8	32.2	6.4	13.4
	女性	38.6	13.2	6.6	1.8	6.5	5.3	27.9	100.0	1039	51.8	20.3	51.8	8.5	11.8
中国	男性	22.0	5.2	9.1	4.2	9.8	9.4	40.4	100.0	287	40.8	18.8	27.2	13.2	19.2
	女性	34.6	8.6	11.3	4.5	11.1	7.2	22.7	100.0	488	57.0	20.3	43.2	15.8	18.2
四国	男性	14.9	4.2	15.5	4.8	8.3	8.9	43.5	100.0	168	38.7	17.9	19.0	20.2	17.3
	女性	25.4	6.3	24.6	4.9	10.3	8.5	20.1	100.0	224	60.3	19.6	31.7	29.5	18.8
九州	男性	14.1	6.6	6.4	5.4	5.4	15.8	46.2	100.0	701	26.0	27.8	20.7	11.8	21.3
	女性	32.3	6.3	11.6	8.3	4.4	8.8	28.2	100.0	758	48.3	23.5	38.7	19.9	13.2
沖縄	男性	34.0	6.0	—	—	10.0	16.0	34.0	100.0	50	44.0	22.0	40.0	—	26.0
	女性	39.3	0.0	—	—	14.3	21.4	25.0	100.0	28	53.6	21.4	39.3	—	35.7

注）参考表は左表の地元、地元外、大学所在県、大学所在エリア、大学所在エリア外をそれぞれ足し合わせて示したもの。

している。男性と同様、北陸と四国では大学所在エリアでの就職が三割と多い。大学所在エリア外での就職が多いのは沖縄である。

つぎに、七つの移動パターンを確認しよう。

北海道では、男性は〈全地元〉が三四・八％、「未定・海外」が三〇・一％、「大学所在エリア外／地元外」が二三・三％である。女性は、〈全地元〉が五三・〇％と半数を超え、「未定・海外」（二一・八％）、「大学所在エリア外／地元外」（一二・四％）がつぎに多い。北海道の学生は大学進学も就職も北海道でしたか、あるいは、就職先は北海道でも地元でもない、というパターンに分かれている。

東北では、男性は「未定・海外」が三九・二％ともっとも多く、「大学所在エリア外／地元外」が二一・八％とつぎに多い。〈全地元〉は一九・二％で他のエリアと比較して少ない数値となっている。一方、女性では〈全地元〉が三五・六％ともっとも多く、つぎに「未定・海外」が二三・一％、「大学所在エリア外／地元外」が一五・〇％いる。東北は男女差が比較的あり、東北エリアでもなく地元でもないところで就職する学生が多い。

関東では、男性は〈全地元〉が三九・一％、「未定・海外」が三五・二％となっている。女性も〈全地元〉が四七・五％、つぎに「未定・海外」が二九・五％となっており、男女差が比較的小さい。また、「大学所在県／地元外」も男性で一一・三％、女性で一二・三％とほかのエリアとくらべて多い。関東の学生は、地元であろうとなかろうと、大学所在県で就職することが多い。

甲信越では、男性は〈全地元〉が四四・三％、「未定・海外」が二〇・六％、「大学所在エリア／地元」と「大学所在エリア外／地元外」がそれぞれ一〇・二％であった。女性も〈全地元〉が四二・四％、「未定・海外」が一三・一％、「大学所在エリア／地元」が一二・八％である。前述したとおり、甲信越では地元での就職が多く、とくに〈全地元〉が多い。

北陸では、男性が〈全地元〉が二五・二％、「大学所在エリア／地元」が二〇・五％、「未定・海外」が一八・六％、「大学所在エリア外／地元外」が一六・七％と移動パターンに散らばりがある。女性では「大学所在エリア／地元」が三四・二％ともっとも多く、〈全地元〉と「未定・海外」が二一・四％である。男女ともに比較的〈全地元〉が少なく、「大学所在エリア／地元」が多い。これは、大学進学で同エリア内の他県に移動し、就職で地元に戻ってくるパターンが多いことを意味している。

中部では、男性は〈全地元〉が四一・二％、「未定・海外」が二八・一％となっている。女性は〈全地元〉が四八・八％、「大学所在エリア／地元」が一八・二％、「未定・海外」が一三・三％であり、「大学所在エリア／地元」が比較的多い。中部は関東と同様に〈全地元〉の割合が高く、「大学所在エリア外」での就職が少ないことに特徴がある。

近畿では、男性は「未定・海外」が四七・九％と半数近くおり、つぎに〈全地元〉が二六・一％いる。女性は〈全地元〉が三八・六％、「未定・海外」が二七・九％、「大学所在県／地元外」が一三・二％であった。女性の「大学所在県／地元外」の割合が関東と同様、比較的多い。男女ともに

「未定・海外」の割合が高く、とくに男性は九州と並んで高い。

中国では、男性は「未定・海外」が四〇・四％、〈全地元〉が二二・〇％、女性は〈全地元〉が三四・六％、「未定・海外」が二二・七％である。中国エリアもまた、男性の「未定・海外」が多いエリアの一つである。

四国では、男性は「未定・海外」が四三・五％、「大学所在エリア／地元」が一五・五％、〈全地元〉が一四・九％である。女性は〈全地元〉が二五・四％、「大学所在エリア／地元」が二四・六％、「未定・海外」が二〇・一％と移動パターンが分かれている。四国では〈全地元〉の割合が男女ともに比較的低く、「大学所在エリア／地元」の割合が北陸と並んで高い。大学進学は四国エリアの他県でしたが、就職は地元の県に戻ってくる者が多いということである。また、男性の「未定・海外」の割合が高い。

九州は、男性で「未定・海外」が四六・二％、「大学所在エリア外／地元外」が一五・八％、〈全地元〉が一四・一％となっている。一方、女性は〈全地元〉が三二・三％、「未定・海外」が二八・二％であり、分かれている。先にも確認したとおり、男性の地元での就職が少ない。

沖縄では、男性が〈全地元〉と「未定・海外」が三四・〇％である。女性は〈全地元〉が三九・三％、「未定・海外」が二五・〇％となっている。男女に差はあまりないが、男性は「未定・海外」、女性は「大学所在エリア外」、すなわち沖縄外で就職する傾向にある。

図表3-12　独立変数

性別	男性ダミー（女性を基準）
大学設置者	国立大学ダミー、私立大学（〜50年）ダミー、私立大学（50〜90年）ダミー、私立大学（90年〜）ダミー（公立大学を基準）
学部	人文科学系ダミー、社会科学系ダミー、工学ダミー、理・農・薬学ダミー、社会福祉ダミー（その他を基準）
大学所在エリア	大学都市ダミー（関東、中部、近畿＝１、北海道、東北、甲信越、北陸、中国、四国、九州、沖縄＝０）
地元(高校所在)エリア	地元都市ダミー（関東、中部、近畿＝１、北海道、東北、甲信越、北陸、中国、四国、九州、沖縄＝０）
仕事内容重視	応募先で重視した条件（第３位まで）「企業の業種・仕事内容」を重視する＝１、重視しない＝０
地域志向	応募先で重視した条件（第３位まで）「地域条件（勤務地・転勤の有無など）」を重視する＝１、重視しない＝０
保護者意見	「私の親や保護者は、進路や就職先について具体的に意見や希望を言うことがよくある」という質問項目に対し「よくあてはまる」＝４、「まああてはまる」＝３、「あまりあてはまらない」＝２、「まったくあてはまらない」＝１として得点を与えた。
保護者支援	「就職活動にかかるお金を保護者に援助してもらった」という質問項目に対し「よくあてはまる」＝４、「まああてはまる」＝３、「あまりあてはまらない」＝２、「まったくあてはまらない」＝１として得点を与えた。
正社員志向	「大学を卒業するときには、何が何でも正社員として就職したい」という質問項目に対し「よくあてはまる」＝４、「まああてはまる」＝３、「あまりあてはまらない」＝２、「まったくあてはまらない」＝１として得点を与えた。
仕事に自信	「仕事に就いたらうまくできる自信がある」という質問項目に対し「よくあてはまる」＝４、「まああてはまる」＝３、「あまりあてはまらない」＝２、「まったくあてはまらない」＝１として得点を与えた。

（2）移動パターンの規定要因

それでは、これらの移動パターンを規定する要因は何であるのかを、二項ロジスティック回帰分析を用いて検討した。検討した要因は、性別、大学設置者、学部、大学所在エリアあるいは地元（高校所在）エリアが都市（関東、中部、近畿）か否か、応募先の条件として地域条件（勤務地・転勤の有無など）を重視したか、企業の業種・仕事内容を重視したか、保護者が進路や就職先について具体的に意見や希望を言うことがよくあるかどうか、就職活動にかかるお金を保護者に援助してもらったかどうか、大学を卒業するときには何が何でも正社員として就職したいかどうか、仕事に就いたらうまくできる自信があるかどうか、である（図表3－12）。

図表3－13は結果である。〈全地元〉を規定している要因は、まず、男性でないこと、私立大学であること、理・農・薬学系でないこと、大学が都市にないこと、地元（高校）が都市であること、地域志向であること、保護者の援助がないこと、であった。さらに、仕事内容を重視しないこと、保護者が具体的に意見を述べること、国立大学でないことも規定していた。

「大学所在県／地元外」を規定している要因は、男性でないこと、大学が都市にあること、地元が都市にないこと、保護者の援助がないこと、であった。さらに、私立（九〇年～）に通っていないこと、社会科学系でないことも規定していた。

「大学所在エリア／地元」を規定している要因は、国立大学であること、私立（九〇年～）であること、大学が都市にないこと、地域志向であること、であった。さらに、男性でないこと、人文科学系、社会科学系、社会福祉系の専攻であること、保護者が具体的に意見を述べること、正社員志向であることも規定している。

「大学所在エリア／地元外」を規定している要因は、まず、私立（～五〇年）および私立（五〇～九〇年）でないこと、社会科学系の専攻でないことであった。また、地元が都市にないことも規定していた。

「大学所在エリア外／地元」を規定している要因は、国立大学および私立大学でないこと、大学が都市にないこと、地域志向であること、保護者の援助があること、であった。また、学部が工学系および人文科学系でないこと、理・農・薬学系であること、男性であることも規定していた。

「大学所在エリア／地元外」を規定している要因は、私立大学でないこと、工学系であること、大学が都市にないこと、地域志向でないこと、保護者の援助があること、であった。さらに、男性であること、国立大学でないこと、保護者が具体的に意見を言わないこと、社会福祉系でないこと、正社員志向でないことも規定している。

最後に、「未定・海外」を規定している要因は、まず、男性であること、理・農・薬学系であること、地域志向でないこと、保護者が意見を言わないことである。また、国立大学であること、大学が都市にあること、仕事内容を重視すること、私立（九〇年～）でないこと、社会福祉系でないことも規定していた。

以上のことから、これらの移動パターンは、性別、大学設置者、学部、地域志向、保護者の関わり方に規定されていることが分かった。正社員志向かどうか、仕事に自信があるかどうかは、あまり影響していなかった。地元か大学所在地が関東・中部・近畿にあれば、そこで就職する可能性がやはり高い。私立大学の学生は大学所在県か大学所在エリア内での就職が多く、国立大学の学生は「未定・海外」で就職することも多い。性別を見ると、女性は大学所在県や「大学所在エリア／地元」での就職が多いが、男性は「大学所在エリア外」と「未定・海外」といったように広い範囲で就職することも多い。学部を見ると、人文科学系、社会科学系、社会福祉系は「大学所在エリア／地元」での就職が多いが、理・農・薬学系や工学系は大学所在地から離れた就職が多い。

学生の就職に対する意識を見ると、地域志向の学生はやはり地元で就職している。反対に、仕事内容を重視する学生は「未定・海外」も選択範囲であった。

保護者が具体的に意見を述べる者は地元で就職する傾向にあり、保護者が意見を述べない者に「大学所在エリア外／地元外」、「未定・海外」での就職が多かった。保護者の経済的援助は、「大学所在エリア外」で就職するうえで必要であるとみられた。

正社員志向と仕事に自信があるか否かは、これらの移動パターンをさほど規定していなかったが、移動パターンには学生の働き方の意志が反映されている。図表3-14で移動パターンと内定先のコースとの関係を見ると、もっとも総合職が多いのは男女ともに「未定・海外」である（男性五五・八％、女性四二・三％）。女性では「大学所在エリア外／地元外」でも総合職が多くなっている（三七・六％）。反対に、総合職が少ないのは男性で「大学所在エリア／地元」（三八・三％）および

図表 3 - 13　移動パターンの規定要因（二項ロジスティック回帰分析）

	〈全地元〉		大学所在県／地元外		大学所在エリア／地元		大学所在エリア／地元外	
	B	Exp (B)	B	Exp (B)	B	Exp (B)	B	Exp (B)
男性ダミー	-0.430	0.650***	-0.380	0.684***	-0.245	0.782**	0.016	1.016
国立ダミー	-0.189	0.828*	0.122	1.130	0.484	1.623***	0.131	1.140
私立(～50年)ダミー	0.742	2.099***	0.120	1.128	-0.120	0.887	-0.939	0.391***
私立(50～90年)ダミー	0.499	1.647***	0.103	1.109	0.178	1.194	-0.741	0.477***
私立(90年～)ダミー	0.918	2.506***	-0.432	0.649*	0.550	1.734***	-0.354	0.702
人文科学ダミー	0.026	1.027	-0.140	0.869	0.401	1.494**	-0.359	0.698
社会科学ダミー	0.073	1.076	-0.260	0.771*	0.406	1.501**	-0.643	0.526***
工学ダミー	0.025	1.025	0.079	1.083	-0.178	0.837	-0.168	0.845
理・農・薬学ダミー	-0.420	0.657***	-0.208	0.812	-0.175	0.839	-0.378	0.685
社会福祉ダミー	0.186	1.205	-0.172	0.842	0.609	1.838**	0.101	1.106
大学都市ダミー	-0.338	0.713***	1.864	6.448***	-0.545	0.580***	0.178	1.195
地元都市ダミー	0.745	2.107***	-1.713	0.180***	0.005	1.005	-0.373	0.689*
仕事内容重視	-0.162	0.850**	0.100	1.105	-0.110	0.896	0.002	1.002
地域志向	0.503	1.654***	0.003	1.003	0.776	2.174***	-0.023	0.978
保護者意見	0.067	1.069**	0.005	1.005	0.123	1.130**	0.021	1.021
保護者援助	-0.081	0.922***	-0.141	0.868***	0.040	1.041	-0.029	0.972
正社員志向	0.017	1.017	-0.071	0.931	0.134	1.143**	-0.034	0.967
仕事に自信	0.015	1.015	0.092	1.096	-0.091	0.913	0.058	1.059
定数	-1.219	0.295***	-2.158	0.116***	-3.406	0.033***	-2.545	0.078***
カイ2乗	889.562***		576.515***		396.723***		101.793***	
Cox & Snell R square	0.075		0.049		0.034		0.009	
Nagelkerke R square	0.103		0.113		0.078		0.035	
N	11362		11362		11362		11362	

	大学所在エリア外／地元		大学所在エリア外／地元外		未定・海外	
	B	Exp (B)	B	Exp (B)	B	Exp (B)
男性ダミー	0.205	1.227*	0.297	1.346**	0.486	1.626***
国立ダミー	-0.554	0.574***	-0.399	0.671**	0.263	1.300**
私立(～50年)ダミー	-0.928	0.395***	-0.556	0.574***	-0.018	0.983
私立(50～90年)ダミー	-0.833	0.435***	-0.602	0.548***	0.136	1.146
私立(90年～)ダミー	-1.636	0.195***	-0.804	0.447***	-0.201	0.818*
人文科学ダミー	-0.348	0.706*	-0.251	0.778	0.085	1.088
社会科学ダミー	-0.228	0.796	-0.179	0.836	0.102	1.107
工学ダミー	-0.481	0.618**	0.449	1.566***	-0.051	0.951
理・農・薬学ダミー	0.421	1.524**	0.103	1.109	0.372	1.451***
社会福祉ダミー	0.125	1.134	-0.955	0.385*	-0.359	0.698*
大学都市ダミー	-0.516	0.597***	-1.058	0.347***	0.177	1.194**
地元都市ダミー	0.088	1.092	-0.013	0.987	0.008	1.008
仕事内容重視	-0.133	0.876	0.132	1.141	0.174	1.190**
地域志向	0.871	2.389***	-0.806	0.447***	-0.790	0.454***
保護者意見	0.048	1.049	-0.120	0.887**	-0.086	0.918***
保護者援助	0.190	1.210***	0.190	1.210***	0.013	1.013
正社員志向	-0.088	0.916	-0.111	0.895*	0.036	1.036
仕事に自信	-0.004	0.996	0.076	1.079	-0.042	0.959
定数	-2.527	0.080***	-1.583	0.205***	-0.977	0.376***
カイ2乗	348.722***		613.409***		653.564***	
Cox & Snell R square	0.030		0.053		0.056	
Nagelkerke R square	0.087		0.122		0.079	
N	11362		11362		11362	

*** p<.001、** p<.01、* p<.05

図表３－14　コースと移動パターン

		大学所在県		大学所在エリア		大学所在エリア外		未定・海外
		地元	地元外	地元	地元外	地元	地元外	
男性	総合職	42.7	46.9	38.3	34.9	46.5	42.0	55.8
	一般職	14.9	16.6	16.2	22.6	11.2	12.7	10.3
	いわゆるコース別採用はない	36.5	31.0	39.1	34.9	37.0	36.9	27.0
	その他	3.4	4.3	3.8	4.8	3.0	4.9	4.7
	エリア総合職	0.1	0.3	0.0	0.0	0.0	0.0	0.2
	無回答	2.3	1.0	2.5	2.7	2.3	3.4	2.0
	合計	100.0	100.0	100.0	100.0	100.0	100.0	100.0
	N	1713	397	394	186	303	590	2055
女性	総合職	24.5	27.6	19.4	24.6	27.3	37.6	42.3
	一般職	28.5	20.9	29.3	18.2	21.6	10.7	14.8
	いわゆるコース別採用はない	34.8	41.3	41.2	44.9	38.6	36.4	31.3
	その他	7.9	7.2	8.0	9.1	8.21	2.4	8.5
	エリア総合職	1.3	0.7	0.4	0.0	0.9	0.0	0.8
	無回答	3.0	2.2	1.8	3.2	3.4	3.0	2.3
	合計	100.0	100.0	100.0	100.0	100.0	100.0	100.0
	N	2309	554	566	187	319	338	1430

「大学所在エリア／地元外」（三四・九％）、女性で「大学所在エリア／地元」（一九・四％）である。

つぎに、移動パターンと内定先への勤務予定期間の関係を示したのが、図表３－15である。男性では、「定年まで勤めたい」と回答した者は「大学所在エリア／地元」がもっとも多く（四七・七％）、全般的に地元外よりも地元で就職した者に多い。反対に、「二〜三年」、「五年くらい」と回答した者は地元外で就職した者が多く、とくに、「大学所在エリア／地元外」で「二〜三年」（一〇・二％）、「大学所在エリア外／地元外」で「五年くらい」（一七・八％）が多かった。女性では、「定年まで勤めたい」と回答した者はいずれのパターンでも一・五割程度であり、「一年未満」、「二〜三年」、「五年くらい」と回答した者が「未定・海外」以外で全体の四割いた。とくに「大学所在エリア／地元外」で「五年くらい」が三一・六％と多くなっている。「未定・海外」では「わからない」と回答

図表３-15　内定先に勤め続ける予定の年数

		大学所在県		大学所在エリア		大学所在エリア外		未定・
		地元	地元外	地元	地元外	地元	地元外	海外
男性	１年未満	0.5	0.3	0.3	0.5	0.0	0.7	0.3
	２～３年	5.7	6.3	4.3	10.2	5.0	6.9	4.9
	５年くらい	10.2	14.4	6.6	12.9	5.0	17.8	10.4
	10年以上	16.5	18.6	14.5	19.4	15.8	20.0	18.0
	定年まで勤めたい	38.6	28.0	47.7	33.9	44.6	28.8	33.9
	わからない	28.2	32.0	26.1	23.1	29.7	24.9	32.0
	無回答	0.3	0.5	0.5	0.0	0.0	0.8	0.6
	合計	100.0	100.0	100.0	100.0	100.0	100.0	100.0
	N	1713	397	394	186	303	590	2055
女性	１年未満	0.5	0.9	1.6	0.0	0.0	0.0	0.6
	２～３年	14.9	17.9	15.7	14.4	19.7	15.4	12.5
	５年くらい	24.6	26.7	21.0	31.6	21.3	25.7	22.2
	10年以上	18.8	16.1	14.5	13.9	16.3	18.6	18.0
	定年まで勤めたい	12.6	10.5	15.7	14.4	13.2	13.0	12.0
	わからない	28.1	27.4	31.4	25.1	28.8	27.2	34.1
	無回答	0.4	0.5	0.0	0.5	0.6	0.0	0.6
	合計	100.0	100.0	100.0	100.0	100.0	100.0	100.0
	N	2309	554	566	187	319	338	1430

した者が三四・一％と多い。

男女ともに地元外の就職で勤務予定年数が少なくなっているのは、いずれ地元に戻る予定であると推測される。

4　就職活動についての学生の意見と移動パターン

本節では、移動パターン別に就職活動についての学生の意見を確認し、キャリア形成支援の課題を検討したい。図表３-16で就職活動に対する自己採点を見ると、もっとも低いのは男性で「大学所在エリア／地元外」（平均六六・六）、女性で「大学所在エリア／地元外」と「大学所在エリア外／地元」（平均六六・八）である。逆に、平均が高いのは、男性では「大学所在県／地元外」の七二・一、つぎに「大学所在エリア／地元」の七〇・八である。女性では「大学所在エリア外／地元外」の七三・七、つ

図表3－16　就職活動に対する自己採点

		大学所在県		大学所在エリア		大学所在エリア外		未定・海外
		地元	地元外	地元	地元外	地元	地元外	
男性	平均値	68.3	72.1	70.8	66.6	68.6	70.1	70.6
	中央値	70	75	72	70	70	75	73
	N	1702	394	392	186	301	585	2041
女性	平均値	70.6	68.3	68.0	66.8	66.8	73.7	70.7
	中央値	73	70	70	70	70	80	72
	N	2287	544	561	184	314	334	1416

ぎに「未定・海外」の七〇・七であった。女性でこれらの移動パターンの自己採点が高いのは、仕事に対する意志の強い女性がこれらの移動パターンを選んだからであろう。

つぎに、就職活動に対する学生の意見を移動パターン別に見よう。「大学の休業中に説明会や面接をしてほしい」割合は男女ともに「大学所在エリア外／地元」でもっとも高く（男性四九・八％、女性五二・〇％）、つぎに「大学所在エリア外／地元外」（男性四六・三％、女性四七・〇％）であった。逆にもっとも低いのは男女ともに〈全地元〉であった。大学所在エリア外での就職活動は移動に時間がかかるため、このような意見を持つ割合が高いものと理解できる（図表3－17）。

つぎに、大学の就職部に対する学生の意見を見よう。この質問項目では、大学の就職部がおこなった以下の項目について役立ったかどうかを尋ねている。結果は図表3－18に示したとおり、移動パターンによって役立ち方が異なっている。

「就職手帳・ノート」は「大学所在エリア／地元外」では男女ともに「役に立った＋やや役に立った」（以下、「役に立った」）と回答した者がもっとも少なかった（男性二八・〇％、女性三三・七％）。「役に立

図表3－17　「大学の休業中に説明会や面接をしてほしい」

			はい	どちらかというとはい	どちらかというといいえ	いいえ	無回答	合計	N
男性	大学所在県	地元	38.7	27.8	16.7	16.0	0.8	100.0	1712
		地元外	41.3	24.2	17.1	16.6	0.8	100.0	397
	大学所在エリア	地元	41.1	26.9	14.7	15.7	1.5	100.0	394
		地元外	37.6	30.6	15.6	16.1	0.0	100.0	186
	大学所在エリア外	地元	49.8	23.1	11.6	14.5	1.0	100.0	303
		地元外	46.3	26.3	11.0	15.3	1.0	100.0	589
	未定・海外		40.3	27.5	14.3	17.5	0.5	100.0	2054
女性	大学所在県	地元	38.2	32.4	15.2	13.1	1.1	100.0	2309
		地元外	41.0	30.5	15.7	11.9	0.9	100.0	554
	大学所在エリア	地元	42.0	31.3	14.0	12.0	0.7	100.0	566
		地元外	41.2	35.8	11.2	11.2	0.5	100.0	187
	大学所在エリア外	地元	52.0	27.9	11.6	7.8	0.6	100.0	319
		地元外	47.0	27.2	10.7	13.3	1.8	100.0	338
	未定・海外		41.5	30.3	15.8	11.7	0.7	100.0	1430

った」と回答した者がもっとも多かったのは「大学所在県／地元外」で就職した者であった（男性四三・六%、女性四九・五%）。

「個別企業の情報・求人情報」はもっとも「役立った」と回答した者が多い項目であるが、移動パターンによって差が見られた。男女ともに「大学所在エリア外／地元」でもっとも少なく（男性四六・二%、女性五〇・五%）、「大学所在県／地元外」でもっとも多かった（男性六四・七%、女性六七・九%）。大学所在地から離れてUターン就職する者にとって個別企業の情報・求人情報は比較的、役に立っていないようである。

「就職模擬試験・SPI対策・模擬面接」は、男女ともに「大学所在エリア外／地元」で「役に立った」と回答した者が少なかった（男性三八・六%、女性四二・〇%）。これに対し、〈全地元〉では男性四六・九%、女性五二・八%ともっとも多かった。

「公務員試験・教員試験の対策」は男女ともに二割

図表3－18　移動パターン別大学の就職部で役に立ったもの

		大学所在県 地元	大学所在県 地元外	大学所在エリア 地元	大学所在エリア 地元外	大学所在エリア外 地元	大学所在エリア外 地元外	未定・海外
男性	N	1712	397	394	186	303	589	2054
	就職手帳・ノート	42.8	43.6	37.6	28.0	32.3	37.9	41.6
	個別企業の情報・求人情報	61.7	64.7	54.3	60.8	46.2	54.7	59.8
	適性検査	40.4	45.8	39.8	32.8	36.6	36.3	39.7
	OB・OGの名簿や紹介	12.7	14.1	10.2	15.1	9.2	12.9	13.3
	就職模擬試験・SPI対策・模擬面接	46.9	45.8	42.9	40.3	38.6	44.7	44.2
	公務員試験・教員試験の対策	10.0	9.3	18.0	15.1	14.9	9.7	8.0
	履歴書・エントリーシートの書き方などの指導	61.7	60.7	56.3	61.3	48.8	49.7	57.9
	資格取得のための支援	15.2	12.8	17.8	14.0	14.9	13.1	12.3
女性	N	2309	554	566	187	319	338	1430
	就職手帳・ノート	46.2	49.5	46.8	33.7	42.9	36.7	42.4
	個別企業の情報・求人情報	67.0	67.9	65.9	64.2	50.5	54.4	61.0
	適性検査	45.9	44.0	39.8	38.5	42.6	38.8	44.2
	OB・OGの名簿や紹介	19.9	18.1	13.3	11.8	11.3	15.4	18.0
	就職模擬試験・SPI対策・模擬面接	52.8	51.6	51.8	49.2	42.0	43.2	51.3
	公務員試験・教員試験の対策	10.5	9.0	17.1	13.9	10.3	10.4	8.3
	履歴書・エントリーシートの書き方などの指導	69.5	65.7	73.1	60.4	59.6	53.0	66.4
	資格取得のための支援	24.1	23.1	28.3	19.3	20.4	13.6	19.5

注）数値は「役に立った」＋「やや役に立った」を合わせたもののみ示した。

を切っているが、「大学所在エリア」で就職に「役に立った」と回答した者が比較的多い。

「履歴書・エントリーシートの書き方などの指導」は、男女ともに「大学所在エリア外」での就職で少なくなっていた。「資格取得のための支援」では、「大学所在エリア／地元」で「役に立った」と回答した者が多く（女性二八・三％）、「大学所在エリア外／地元外」で少ない（女性一三・六％）。

大学の就職部は、全般的に「大学所在県」での就職には役立つ傾向にあるが、「大学所在エリア外」で就職活動を行なった学生には不十分である可能性が高い。「未定・海外」は、「大学所在エリア外」での内定者よりも全般的に「役に立っ

図表3－19 移動パターン別 就職に役に立った情報源

		大学所在県		大学所在エリア		大学所在エリア外		未定・海外
		地元	地元外	地元	地元外	地元	地元外	
男性	N	1712	397	394	186	303	589	2054
	就職支援ウェブサイト	71.1	74.6	67.8	69.9	73.6	73.9	77.9
	就職部・キャリアセンター	38.6	38.3	30.2	37.1	26.4	36.8	36.3
	大学の先生	18.8	16.9	16.8	22.6	13.2	26.0	15.1
	会社説明会やセミナーなど	65.8	67.8	61.7	57.5	62.4	58.7	69.8
	公的な就職支援機関	4.7	2.5	9.1	5.4	7.9	1.9	1.9
	家族・親族・保護者	16.5	10.3	23.9	17.2	28.1	13.4	13.6
女性	N	2309	554	566	187	319	338	1430
	就職支援ウェブサイト	74.4	76.5	71.4	74.9	73.7	82.2	82.4
	就職部・キャリアセンター	46.6	40.4	41.9	36.4	30.7	28.1	35.5
	大学の先生	10.3	10.8	11.7	12.8	8.8	16.9	7.5
	会社説明会やセミナーなど	68.7	68.4	68.2	71.1	69.0	69.5	77.8
	公的な就職支援機関	7.1	4.9	12.5	6.4	14.4	6.5	4.0
	家族・親族・保護者	12.9	13.7	22.3	10.7	14.4	10.4	10.9

注）就職のために役に立ったと思う情報源のうち3位までの回答の割合のみを示した。

た」と回答する割合が多かったが、これは就職活動を比較的大学所在県に近いところで行なったせいではないかと推測できる。

それでは、大学所在エリアや大学所在エリア外で就職した者は、何が役立ったと考えているのだろうか。図表3－19では、就職のために役に立った情報源で三位までに入ったもののうち、移動パターンでちがいがあったものを示した。

「就職支援ウェブサイト」は「未定・海外」でもっとも役に立ったと回答した者が多く（男性七七・九％、女性八二・四％）、大学所在エリアでの就職でもっとも少なかった。「就職支援ウェブサイト」は全国規模あるいは都市部中心であるか、大学周辺に特化したものであるかに分かれ、中規模のウェブサイトが欠如している可能性がある。

「就職部・キャリアセンター」は、いずれも三～四割の者が役に立ったと回答している。もっとも役に立ったと回答した者は男女ともに〈全地元〉であったが（男性三八・六％、女性四六・六％）、男性では「大学所在エリア外／地元」（二六・四％）、「大学所在エリア／地元」（三〇・二％）で少なく、女性では「大学所在エリア外／地元外」（二八・一％）と少なかった。「就職部・キャリアセンター」はやはり大学所在県以外で就職する学生にとって不十分である可能性がある。

「大学の先生」では男女ともに二割を切るが、「大学所在エリア外／地元外」と「大学所在エリア／地元外」で役に立ったと回答した者が多い。勤務先が地元外で、かつ、大学所在県でない場合に、大学の先生の意見や紹介が役立っていると考えられる。

「会社説明会やセミナーなど」では、「未定・海外」で役に立ったと回答している者が多い（男性六九・八％、女性七七・八％）。

「公的な就職支援機関」では、「大学所在エリア／地元」（男性九・一％、女性一二・五％）、および「大学所在エリア外／地元」（男性七・九％、女性一四・四％）で比較的多かった。地元にUターン就職する者が「公的な就職支援機関」を利用するものと解釈できる。

「家族・親族・保護者」もまた、「大学所在エリア／地元」（男性二三・九％、女性二二・三％）、および「大学所在エリア外／地元」（男性二八・一％、女性一四・四％）で比較的多かった。これもまた、Uターン就職する者にとって「家族・親族・保護者」の支援があったと理解できよう。

5　まとめ

本章では、第一に、地域別に学生の就職プロセス、職業意識、居住形態、保護者の関わり方を明らかにすることで一一に分類したエリアの特徴を把握した。第二に、就職先を高校、大学所在地の二地点との関係から七つにパターン化してその特徴を理解し、学生の移動パターンに影響を及ぼしている規定要因を分析した。さらに移動パターン別に就職活動と大学就職部に対する学生の意見を探った。これらの分析から得た本章の結論は以下のとおりである。

(1) 職業と性別に関する規範、学生の職業意識は地域、性別によって異なる。また、就職活動プロセスも地域、性別によって異なっている。

高校から大学への進学における移動、居住形態、保護者の関わり方、学生の職業意識、就職プロセスに地域によって差が見られた。男性よりも女性、関東、中部、近畿という大都市圏で家族と同居している割合が高かった。また、正社員志向は、女性よりも男性で強かった。同様に、仕事に自信がある者も女性よりも男性で多く、とくに関東、近畿という大都市圏の男性で多かった。関東、近畿の大都市圏では就職プロセスが早く進み、北海道と沖縄で遅い。とくに沖縄では正社員になりたいという意識が弱い傾向にある。保護者が具体的に意見を言うと回答した者は、関東、近畿の大都市圏で比較的少なかった。就職活動にかかる保護者の経済的援助は、いずれのエリアでも過半数の者が受けており、とくに関東と近畿の女性でその割合が高かった。

（2）学生の職業意識が移動パターンに反映される。

内定先が地元（高校所在県）であるか、地元外であるか、また、大学所在県であるか、大学所在エリアであるか、大学所在エリア外であるか、さらに、勤務先が未定・海外であるかの七つに移動パターンを分類し、それぞれのパターンの特徴を見た。移動パターンは、性別、専攻、大学設置者、大学や高校の所在地が都市部にあるかどうか、保護者の意見や支援の有無、学生の職業意識によって異なっていた。

このような複合的な要因によって移動パターンが決定されているとすれば、ある地域に就職先がないからといって移動パターン（勤務先の地域）を変えるように学生を指導することは容易なことではない。前述したように、職業意識や保護者の関わり方が地域によって異なるということは、地域の労働市場の状況や職業規範、性別規範をすでに反映させた職業意識を学生が持っている可能性を示すものであるからである。

（3）移動パターンによって必要な就職支援が異なる。

移動パターンによって就職活動で役に立った情報や、就職部／キャリアセンターで役に立ったものが異なっていた。大学の就職部／キャリアセンターは大学周辺での就職支援には力を発揮するが、Uターン就職や大学所在県ではない場合の就職活動までは、その力がなかなか及ばないものと推測される。そのような学生は、現在のところ、公的な就職支援機関と家族・親族・保護者に頼っている面があるようだが、これも二割に満たない。このような学生に対しては大学横断的な、より広い就職支援が必要であろう。

注

（1）以下で「隣県」を考える際には、「東京圏」の隣県として茨城県、栃木県、群馬県、山梨県、静岡県を想定し、「京阪神」の隣県として福井県、滋賀県、三重県、奈良県、和歌山県、鳥取県、岡山県、徳島県を想定している。

文献

本田由紀 1998「大卒女子の就職——性・専攻・ランクが就職に及ぼす影響とコース別採用の内実」岩内亮一、苅谷剛彦、平沢和司編『大学から職業へII——就職協定廃止直後の大卒労働市場』広島大学大学教育研究センター
岩内亮一、苅谷剛彦、平沢和司編 1998『大学から職業へII——就職協定廃止直後の大卒労働市場』広島大学大学教育研究センター
苅谷剛彦 1995『大学から職業へ——大学生の就職活動と格差形成に関する調査研究』広島大学大学教育研究センター

労働政策研究・研修機構 2006『大学生の就職・募集採用活動等実態調査結果II――「大学就職部／キャリアセンター調査」及び「大学生のキャリア展望と就職活動に関する実態調査」』JIL PT 調査シリーズ No.17
仙田幸子 1995「女子学生の就職先分化と納得度」苅谷剛彦編『大学から職業へ―大学生の就職活動と格差形成に関する調査研究』広島大学大学教育研究センター、pp. 80–89
吉原惠子 1995「性差を組み込んだ場合の『大学ランク』の意味」苅谷剛彦編『大学から職業へ―大学生の就職活動と格差形成に関する調査研究』広島大学大学教育研究センター、pp. 69–79

第四章　企業からの人材要請と大学教育・キャリア形成支援

小杉　礼子

1　はじめに

本章では、企業が新規大卒者採用に当たってどのような能力を求めているのか、また、それに対して大学における教育およびキャリア形成支援の諸活動がどの程度対応しているかを検討する。ここから、今後の大学における教育・キャリア形成支援の課題を考える。

景気拡大傾向のもと、近年の企業の新規大卒者採用への意欲は大変強く、採用予定数の増加が報道されている。量的拡大と同時に、大卒者の質的な面への産業界からの要望も強く表明されるようになった。

こうした要望を背景に、企業が新規大卒者に求めている能力を明らかにしようという試みが、研究者や政策担当者、就職情報サービスの現場からつぎつぎに発信されている。経済産業省が設置した産業界と大学人等で構成された「社会人基礎力に関する研究会」はその中間報告（2006）で、「組織や地域社会で多様な人々とともに仕事を行っていく上で必要な基礎的な能力」を「前に踏み出す力」「考え抜く力」「チームで働く力」（さらに、下位分類として一二の能力要素）に分解して示したが、これは、企業側の需要の質について大学に理解を促す「共通言語」と位置づけられた。あるいは、角方・八田（2006）は「人材ニーズ調査」（経済産業省）から企業の若年者への要求は「対人能力」と「対自己能力」について強いことを指摘し、また、岩脇（2006）は採用担当者への聞き取り調査から、企業が大学新卒者に求める能力が「課題創造・達成力」を中心に「コミュニケーション能力」他二要素から構成され、また、これは八〇年代半ば以降評価の高まっている能力であることを指摘している。このほか厚生労働省（2004）は、企業調査をもとに半数以上の企業が事務系・営業系職種の採用に当たって重視し、かつ、比較的短期間の訓練により向上可能な能力を「若年者就職基礎能力」とし、すでに、その能力を育成するプログラムを開発し、運用している。

産業界の労働力需要を明らかにし、これに立脚して教育・訓練政策を検討する研究はこれまで少なからず行なわれてきた。一九六〇年代〜七〇年代には、経済発展に対応した労働力需要を見込み、これに対応した人材育成を計画的に行なおうという教育計画の議論が盛んであったし、七〇年代〜八〇年代には、大企業の採用が入学難易度の高い大学の卒業生に偏る傾向が指摘され「学歴社会論」が批判的に語られた。そこで取り上げられた労働力需要の質は、教育計画では大分類職種レベルの専門性であったし、また、学歴社会論では大学入学偏差値で代替される「訓練可能性」であった。訓練可能性仮説は、わが国企業における人事管理のあり方、すなわち日本型雇用の特徴に適合したものだといわれる。わが国企業においては、新規学卒者を一括採用した後にＯＪＴを中心とした企業内訓練によって能力形成を進める方法を発達させてきた。そのため、採用は訓練可能性の高い者から順に採用するという説がよく当てはまり、その可能性を示すシグナルが大学入学偏差値である。そこでは、むしろ企業が求人誌等に掲載するような「求める人材像」は表面的な言説であり、本質は学校歴が示すものであるという理解があったといえる。

しかし、近年のわが国産業界における職業能力観は大きく変わったという。石田（2006）は九〇年代以降の日本の大企業においては、それまでの組織から人事を発想する思想から、市場から人事を発想する思想へとパラダイムチェンジがあり、それが仕事管理を成果評価にし、人事管理をコンピテンシー評価に変えたと指摘している。[(1)]顕在的な能力であるコンピテンシーを評価の基盤にした人的資源管理は、能力管理の個別化・精緻化と平行して進められ、採用においてもその援用が図られている。現状で、どの範囲の企業が実際にこの考え方によって人事管理を行なっているかは明らかでないが、[(2)]労働政策研究・研修機構（2005）が日英の企業に対して行なった大卒採用において重視するコンピテンシー項目についてのヒアリング調査においては、わが国のいずれの企業でもコンピテンシー項目は違和感なく理解されていた。考え方としては、現在の人事担当者に広く受容されていると推察される。

産業界が発する求める人材についての提言等の分析から本田（2005）はポストモダン型の能力を抽出しているが、これは先の「基礎力」にほぼ重なると思われる。上述の企業の人事管理の変化を考えたとき、それは採用という入り口においての要請に留まるものではなく、人事管理を貫く思想の変化が背景にあると考えられる。それだけに、このコンピテンシー型の要素に分解された能力形成への要求に対して、どのように高等教育が向き合うのかは、今後、重要な課題となろう。

さらに、こうした産業界における人的資源管理の強化とそこから高等教育への要請が強まる事態は、わが国だけで起こっていることではない。多くの先進諸国では、人材開発を国の競争力向上のための重要な政策として位置づけ、新たなマンパワー政策が展開されている。アメリカにおける「スキャンズレポート」（1992）、イギリスにおける「デアリングレポート」（1997）はそれぞれ、ワークプレイス・ノウハウ、キースキルといった「基礎力」の育成を要求している。そして、そうした要請に対する大学教育サイドでの対応はすでに始まっている（社会人基礎力研究会 2006、労働政策研究・研修機構 2005：前出）。長いデフレから脱却しつつあるわが国において、経済産業省が「社会人基礎力」を提唱し、また、「経済財政白書」（2006）が職業能力開発・教育に多くのページを割いているのは、そうした政策への転換点であることを示唆する。

一方で、労働力供給サイドおよびマッチングプロセスについても、近年大きな変化があることが指摘されている。

九〇年代初め以降、大卒者でも無業者や非正社員（フリーター）になる者が増え、問題化した。

学卒無業者等の増加の背景には第一に労働力需給バランスの変化があると思われるが、序章で見たとおり、昨今求人倍率が九〇年代初め並みに回復してきているにもかかわらず、学卒無業率は当時の五%水準までは低下せず（文部科学省 2006）、そこには、需給バランス以外の要因、すなわち、供給側の行動・意識が影響していると考えられる。

供給側の行動については、大学生や大卒者を対象にした調査から、学卒無業や非正社員になる者は就職活動の開始時期が相対的に遅く活動量が少ない（日本労働研究機構 2001）、低成績やゼミの活動への積極性が乏しい（永野 2004）などの特徴があることが指摘されている。また、意識に注目した分析では、適職信仰の存在や進路決定の先延ばしなどで就職活動をしない学生の存在が指摘されている（安達 2004）。さらに、大卒フリーターを少なからず生み出している「マージナル大学」（居神他 2005；平沢他 2005）の学生の行動は、近年の変化を象徴するものとして研究関心を集めているところである。

大学属性との関係では、選抜性が高い大学や、所在地が関東など労働力の需要の多い地域にある大学において無業者比率・非正社員比率が低いこと、また学部では工学部や経済・経営系学部でやはり無業者比率も非正社員比率も低いことが指摘されている（日本労働研究機構 2001；前出）。ただし、これらは供給サイドの変化というより、労働力需給の量的バランスと需要サイドの選好を反映したものといったほうがいいだろう。

マッチングのプロセスも変わった。新規大卒者のマッチングプロセスについては、一九七〇年代後半には、それまでの大学を指定して求人をだす「指定校制度」が批判され、事務系採用を中心に広く求人を公開する「自由応募」が拡大した。その中での私立大学就職部の組織的指導や理科系で存続していた研究室推薦など、大学組織が斡旋機能や相談機能を有し組織的に関与するプロセスが明らかにされてきた（日本労働研究機構 1992、1994）。こうした組織的関与は国際的に見ると、日本の大学の特徴だといえる（日本労働研究機構 2001；前出）。

九〇年代には技術系採用でも自由応募化が進み、九〇年代後半には就職協定が廃止されて採用の早期化が起こり、また、インターネット経由の情報経路が拡大して市場のオープン化がさらに進んだ。他方、協定廃止と前後してインターンシップの導入が政府の後押しの中で進められ[3]、各大学の就職指導所管部門では、就職活動以前に学生に働きかけて就業経験をさせる指導が広がり、かつ、その効果に自信を持つようになった。これに、オープン化する市場の中で大学の斡旋機能や相談機能を十分利用しない学生の増加への危惧が加わり、早い段階から学生に働きかけるキャリア形成支援へと展開が図られている。キャリア形成支援は、就職のための支援から、インターンシップにとどまらないキャリアサービス、さらに教育サイドが参加してのキャリア開発科目等の導入へと発展している（労働政策研究・研修機構 2006）。

本章の目的は、こうした企業側と学生側の近年の変化を実証的に把握し、この変化についての大学の認識と対応を検討して、現在展開されている大学における学生のキャリア形成支援がこれに見合ったものであるかを明らかにすることである。

具体的には、次の方法で検討する。第一に、企業の新規大卒者に期待する人材像、その能力観について実態調査（労働政策研究・研修機構が二〇〇五年に実施した「大卒採用に関する企業調査」[4]）から把握する。ここでは、これまで議論の中心だった大企業ばかりでなく、中小企業、地方企業における特徴や、近年の変化の傾向について分析する。第二に、こうした企業の期待を大学が正確に把握しているのか、各大学の卒業者が就職活動で直面する企業の要請と大学が想定する企業期待との間の齟齬を、大学就職部に対する調査（労働政策研究・研修機構が二〇〇五年に実施した「大学就職部／キャリアセンター調査」[5]）から検討する。第三に、就職活動を途中で停止してしまう学生（無活動学生）や求職活動をしても内定がもらえない学生（未内定学生）の就職行動を、「大学生調査」[6]（労働政策研究・研修機構が二〇〇五年に実施）から検討し、彼らのそうした行動に、大学のキャリア形成支援のための施策がどのような効果をもたらしているかを検討する。以上の三点の検討に基づき、学生のキャリア形成を支援する視点からの大学教育の課題を論じる。

2　企業が新規大卒者に期待する人材像とは

企業が新規大卒者に期待する人材像については、「大卒採用に関する企業調査」の次の二つの質問への回答から検討した。

図表4－1　新規大卒者採用の採否の判断で重視する能力（自由回答）の分類

単位；%、太字は実数

採否判断で重視する能力	合計	所在地（地域） 首都圏	近畿・愛知	その他	正社員規模 ～299人	300～499人	500～999人	1000～2999人	3000人～
合　計	100.0	100.0	100.0	100.0	100.0	100.0	100.0	100.0	100.0
（実数）	**717**	**273**	**171**	**270**	**269**	**110**	**105**	**160**	**69**
考え抜く力・頭のよさ	6.4	7.3	8.8	4.1	6.3	7.3	5.7	8.1	2.9
学力	2.4	2.6	3.5	1.5	3.3	0.9	1.9	2.5	1.4
地頭・理解力	0.4	0.4	0.0	0.7	0.7	0.9	0.0	0.0	0.0
論理的思考力	1.7	1.8	1.8	1.5	0.7	1.8	1.9	3.1	1.4
企画力・創造力	2.0	2.6	3.5	0.4	1.5	3.6	1.9	2.5	0.0
チームで働く力・コミュニケーション能力	35.6	37.0	36.3	33.3	35.7	35.5	39.0	35.6	29.0
バランス能力・協調性	8.6	8.8	9.4	8.1	9.3	7.3	8.6	9.4	5.8
リーダーシップ	4.5	4.8	3.5	4.8	5.6	4.5	3.8	3.8	2.9
自己開示・自分の言葉でかたる	1.7	1.1	0.6	3.0	1.5	1.8	2.9	1.3	1.4
傾聴力・発信力・コミュニケーションが取れる	15.9	17.6	18.1	12.2	13.8	17.3	16.2	17.5	17.4
説得力・プレゼン能力	1.4	1.1	0.6	2.2	2.2	1.8	0.0	1.3	0.0
柔軟性	1.1	1.5	0.0	1.5	1.1	0.9	1.0	1.9	0.0
ストレス耐性・打たれ強さ・根気	3.5	4.0	4.1	2.6	3.0	3.6	4.8	2.5	5.8
まじめ・誠実・信頼性	3.2	3.7	2.3	3.3	3.7	1.8	2.9	3.1	4.3
前に踏み出す力・課題創造達成力	50.1	51.3	49.1	49.6	49.1	50.0	43.8	49.4	65.2
自主性・主体性	5.3	7.3	2.9	4.8	3.3	4.5	4.8	4.4	17.4
課題発見解決能力	3.6	3.7	5.3	2.6	2.2	3.6	1.9	5.0	8.7
積極性・実行力・行動力・バイタリティ	14.9	13.2	16.4	15.6	13.4	17.3	11.4	15.6	20.3
目的意識・ビジョン	7.0	8.1	3.5	8.1	4.8	10.0	5.7	6.3	13.0

向上心・競争心	2.4	2.6	2.9	1.9	3.3	0.9	0.0	1.9	5.8
意欲・やる気	16.0	14.3	17.0	17.4	16.4	15.5	12.4	18.1	15.9
仕事内容・業種への関心	7.3	9.5	5.8	5.9	10.4	5.5	5.7	5.0	5.8
自分の意見がある・いえる	1.4	1.5	0.6	1.9	1.1	1.8	2.9	0.6	1.4
専門性	5.6	5.9	5.8	5.2	7.8	3.6	4.8	4.4	2.9
専門知識・技能	5.6	5.9	5.8	5.2	7.8	3.6	4.8	4.4	2.9
アピアランス	8.8	7.0	12.3	8.5	12.3	5.5	5.7	10.6	1.4
態度・表情	1.3	0.7	0.6	2.2	1.9	0.9	0.0	1.9	0.0
礼儀・常識	2.8	2.6	4.7	1.9	4.1	0.9	1.0	3.8	1.4
規律性	0.3	0.0	0.6	0.4	0.4	0.0	1.0	0.0	0.0
明るく元気	4.9	3.7	8.2	4.1	7.1	3.6	2.9	5.6	0.0
体力・健康	0.3	0.0	0.6	0.4	0.4	0.0	1.0	0.0	0.0
その他（人間性・適性など能力観不明な記述）	26.4	25.6	22.8	29.3	23.0	29.1	31.4	26.9	24.6
ポテンシャル	2.6	2.2	2.9	3.0	2.6	0.9	1.9	3.8	4.3
人間性・人物	11.7	12.1	9.4	13.0	9.3	17.3	18.1	10.0	7.2
長期勤続	0.8	0.4	0.0	1.9	1.1	0.0	1.9	0.0	0.0
業務を遂行する能力	1.1	1.8	1.2	0.4	0.7	0.0	1.9	0.6	4.3
企業理念の共有・企業文化にあう	2.6	2.9	3.5	1.9	1.1	1.8	2.9	5.6	2.9
適性	2.6	2.6	1.8	3.3	3.0	3.6	1.0	3.1	1.4
志望動機	1.5	1.1	1.2	2.2	0.7	3.6	1.9	1.3	1.4
自己分析	0.6	0.4	0.0	1.1	1.1	0.0	0.0	0.6	0.0
その他	4.2	4.0	3.5	4.4	5.2	2.7	4.8	3.1	2.9

注）労働政策研究・研修機構が2005年に実施した「大卒採用に関する企業調査」による。

質問文は、「貴社において新規大卒者の採否の判断で最も重視するポイントは何ですか。また、そのことを確認するために行なう具体的な質問等があれば、お差支えのない範囲でご記入下さい」。この自由回答をアフターコードした。

①自由回答方式による質問：「貴社において新規大卒者の採否の判断で最も重視するポイントは何ですか。また、そのことを確認するために行なう具体的な質問等があれば、お差支えのない範囲でご記入下さい。」

②「新規大卒者としてどのような人材を、採用したいと考えていますか。次の中から採用したいと思う順に三つを選んで回答記入欄に記入して下さい（選択肢は図表4-2に示す八つ）」。

二つの質問を用いたのは、①の自由回答形式は企業の発想を捕らえやすいからであり、②の質問は一九九七年に行なった企業調査でも用いられておりこれと比較できるから、また、「大学就職部／キャリアセンター調査」にも同様な質問があり、学校の認識との対応を検討できるからである。

①の自由回答については、七一七件（有効回答票の五二・三％）の有効な記述があった。先行研究（「社会人基礎力研究会」および岩脇）の分類を参考に、図表4-1のとおりの分類とした。すなわち、大分類項目として「考え抜く力・頭のよさ」「チームで働く力・コミュニケーション能力」「前に踏み出す力・課題創造達成力」[7]を設定し、加えて「専門性」「アピアランス」、さらに、「その他」（＝「人間性」「適性」などの表現でどのような人間性かがわからないために能力観がはっきりしないもの）とした。[8]

うち、最も多くの企業が挙げるのは、「前に踏み出す力・課題創造達成力」にあたるもので、「意欲・やる気」「積極性・実行力・行動力・バイタリティ」「仕事内容・業種への関心」「目的意識・

ビジョン」[9]などから構成される。ついで「チームで働く力・コミュニケーション能力」に当たる能力が多くあげられた。

図表4-1ではこれを企業の所在地別・規模別に示した。所在地は首都圏、近畿・愛知、その他の地方に分けたが、地方企業のほうが「傾聴力・発信力・コミュニケーションが取れる」が少なく、「人間性・人物」などの人材像としてははっきりしない記述が多い。首都圏企業では「やる気」「行動力」が少ない特徴がある。規模別には、三〇〇〇人以上の大企業で「前に踏み出す力・課題創達成力」（小分類では、「自主性・主体性」「積極性・実行力・行動力・バイタリティ」「課題発見解決能力」「目的意識・ビジョン」）についての記述がとりわけ多い。小企業は「アピアランス」（「明るく元気」）や「専門性」、中規模企業では「人間性・人物」の記述が多い。

ここで指摘できるのは、都市部・大企業ではコンピテンシー型の人材表現が少なからずとられているのに対して、地方・中小企業の伝統的な人材表現をとっているということだろう。

産業別にも検討したが（表は省略）、情報関連サービス業では「傾聴力・発信力・コミュニケーションが取れる」が多く、金融では、チームで働く力のうちでも「ストレス耐性・打たれ強さ・根気」「まじめ・誠実・信頼性」、運輸・通信業では「意欲・やる気」「目的意識・ビジョン」、製造業では「意欲・やる気」「専門知識・技能」が多いといった特徴が見られた。それぞれ、産業特性との関連が推測される。

次に②の選択肢型の質問（回答率一〇〇％）への回答からも、企業の人材観をみてみよう。この

図表4－2　新規大卒者として採用したい人材像
（八つの選択肢から上位3位まで選択）

N＝1362、単位：％

エネルギッシュで行動力のある人	64.2
協調性・バランス感覚がある人	58.4
誠実で、堅実に仕事をする人	41.7
リーダーシップを発揮できる人	37.2
将来、経営管理のコアとなる人	32.1
独創性や企画力のある人	30.9
専門分野の知識・技術の高い人	27.1
起業家の資質がある人	1.7

注）前記「大卒採用に関する企業調査」による。設問は「新規大卒者としてどのような人材を、採用したいと考えていますか。次の中から採用したいと思う順に3つを選んで回答記入欄に記入して下さい。」

質問は①の質問と同時に同じ企業に対して行なっている。図表4－2のとおり、この質問に対して、最も多くの企業が選んだのは「エネルギッシュで行動力のある」であり、次が「協調性・バランス感覚がある」である。これは、①の自由回答の結果を整理した図表4－1での、一位、二位に対応している。

①と②の回答の関係をもう少し詳細に見てみよう。まず、②は三つを選ぶ形式なので、ひとつの企業が採用したいと考えている人材はその組み合わせということになる。そこで、②の七つの質問相互の関係を多重応答分析という方法を用いて整理し、企業が採用したい人材像をより詳細に検討する。この結果が図表4－3である。[10] [11]

この多重応答分析では、企業が同時に選ぶことが多い選択肢ほど、図中で近いところに位置して表示され、同時に選ばれない選択肢ほど遠くに位置して描かれる。図中のY軸（第2次元）に注目してみると、そのプラス方向に「専門性○＝専門分野の知識・技術の高い人を選

図表 4－3　企業が新卒採用で評価する人材像（多重応答分析）

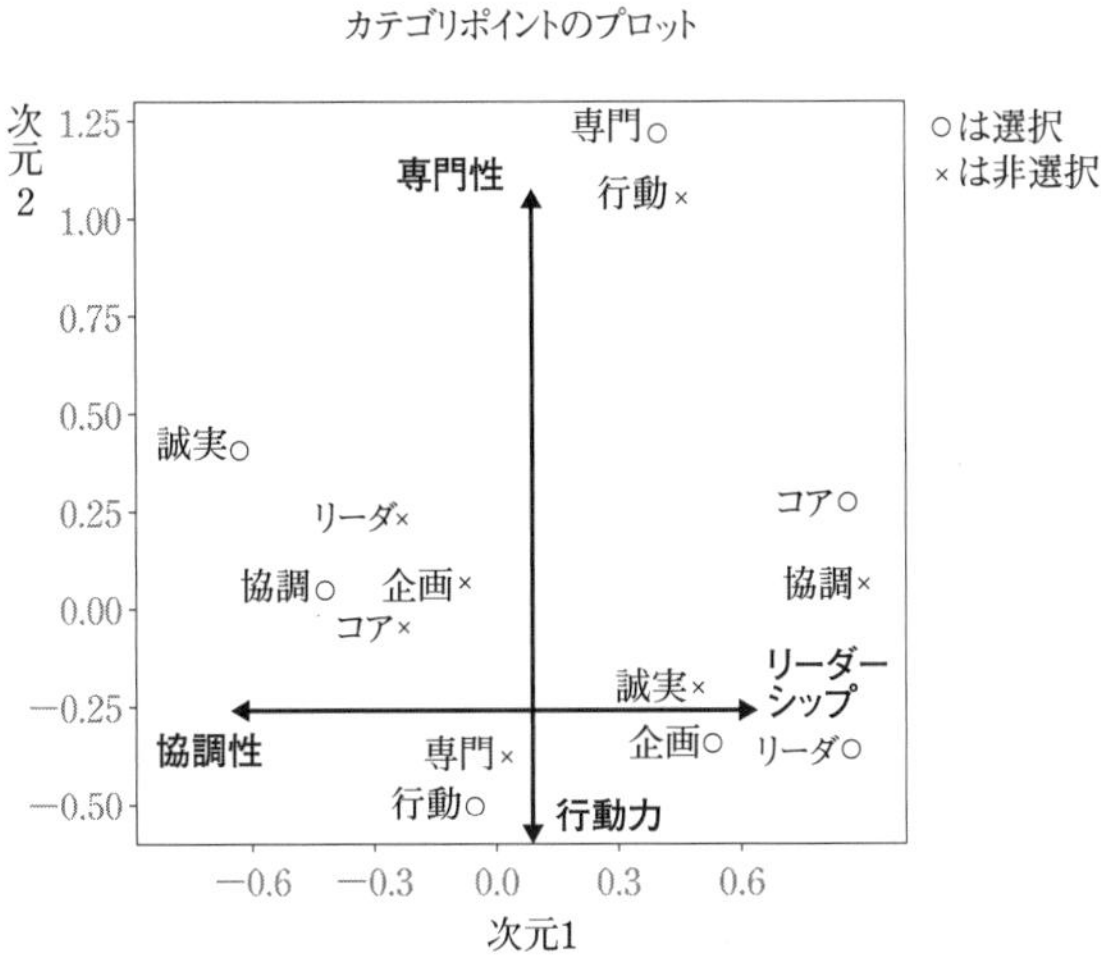

注）前記「大卒採用に関する企業調査」による。

択」、マイナス方向に「行動力○＝エネルギッシュで行動力のある人を選択」が配置されている。この2つの選択肢を同時に選ぶ企業は非常に少なく、どちらか一方しか選ばない場合が多いということである。ここから、Y軸は「専門性」か「行動力」かを示す軸といえる。また、X軸（第1次元）は、マイナス方向に「誠実○＝誠実で、堅実に仕事をする人を選択」および「協調性○」、プラス方向に「経営管理のコア○」「リーダーシップ○」が並んでいる。ここからこの軸は、「協調性―リーダーシップ」の軸だといえる。

それぞれの企業はこれらの質問への回答傾向によってこの平面上に（X、Y）で描くことができる。その座標である

図表4－4　自由回答記入における重視する能力の分布

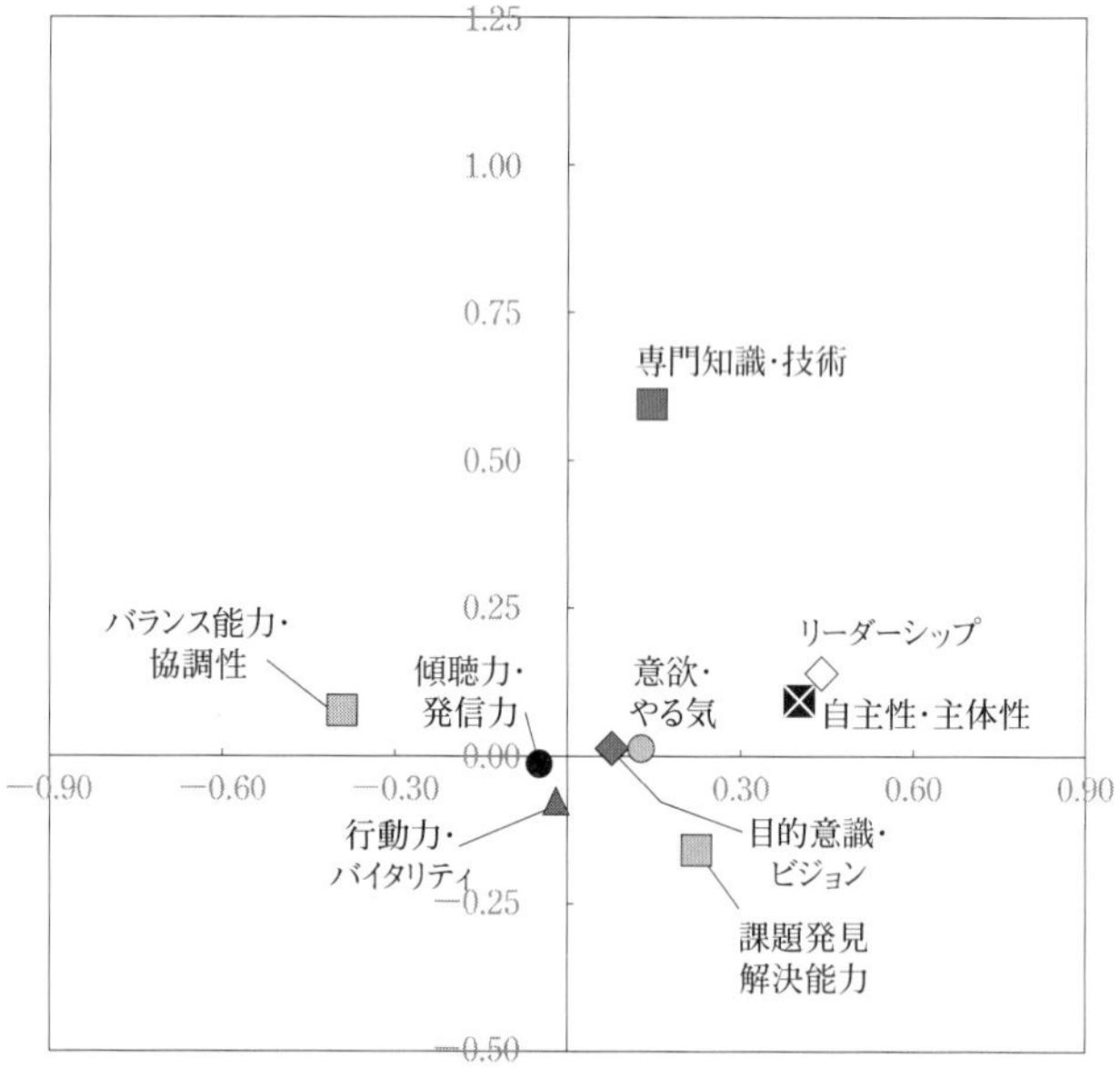

注）前記「大卒採用に関する企業調査」による。

（X、Y）が、個々の企業のオブジェクト得点である。

次に、先の自由回答から抽出した項目分類で回答企業を分け、それぞれの分類に入る企業グループごとに2次元のオブジェクト得点の平均値を求めた。この結果を、同じ平面上にプロットすると、①の自由回答の傾向が②の質問から描かれる企業の採用したい人材像と整合しているかどうかを検討することができる。そのプロット結果が図表4－4である。それぞれの項目は、おおむねこの二次元の軸の意味にそって配置されており、自由回答から抽象した人材観と選択肢型の質問から得られた人材像

図表4-5　企業が新卒採用で評価する人材像の地域・規模・産業によるばらつき

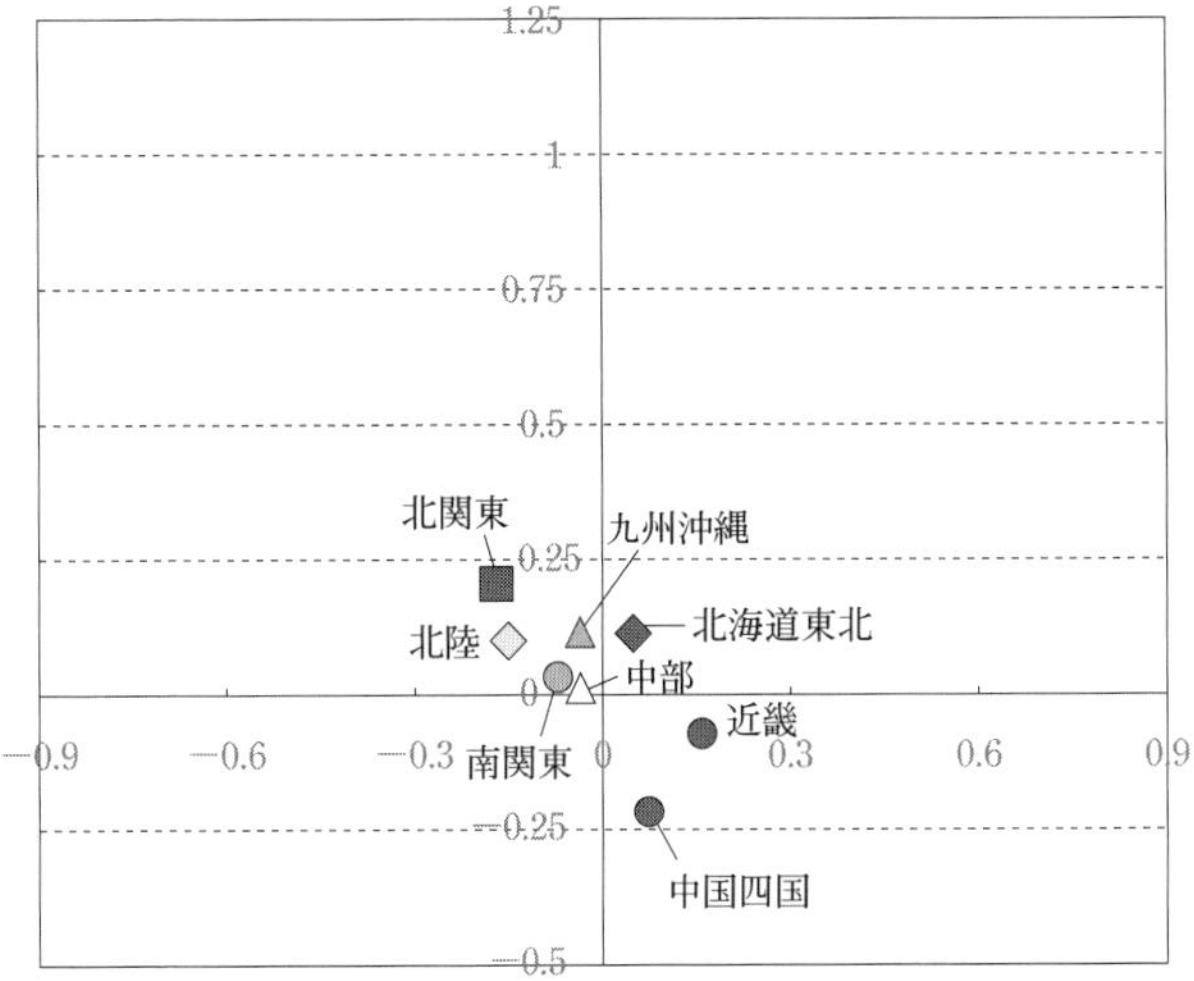

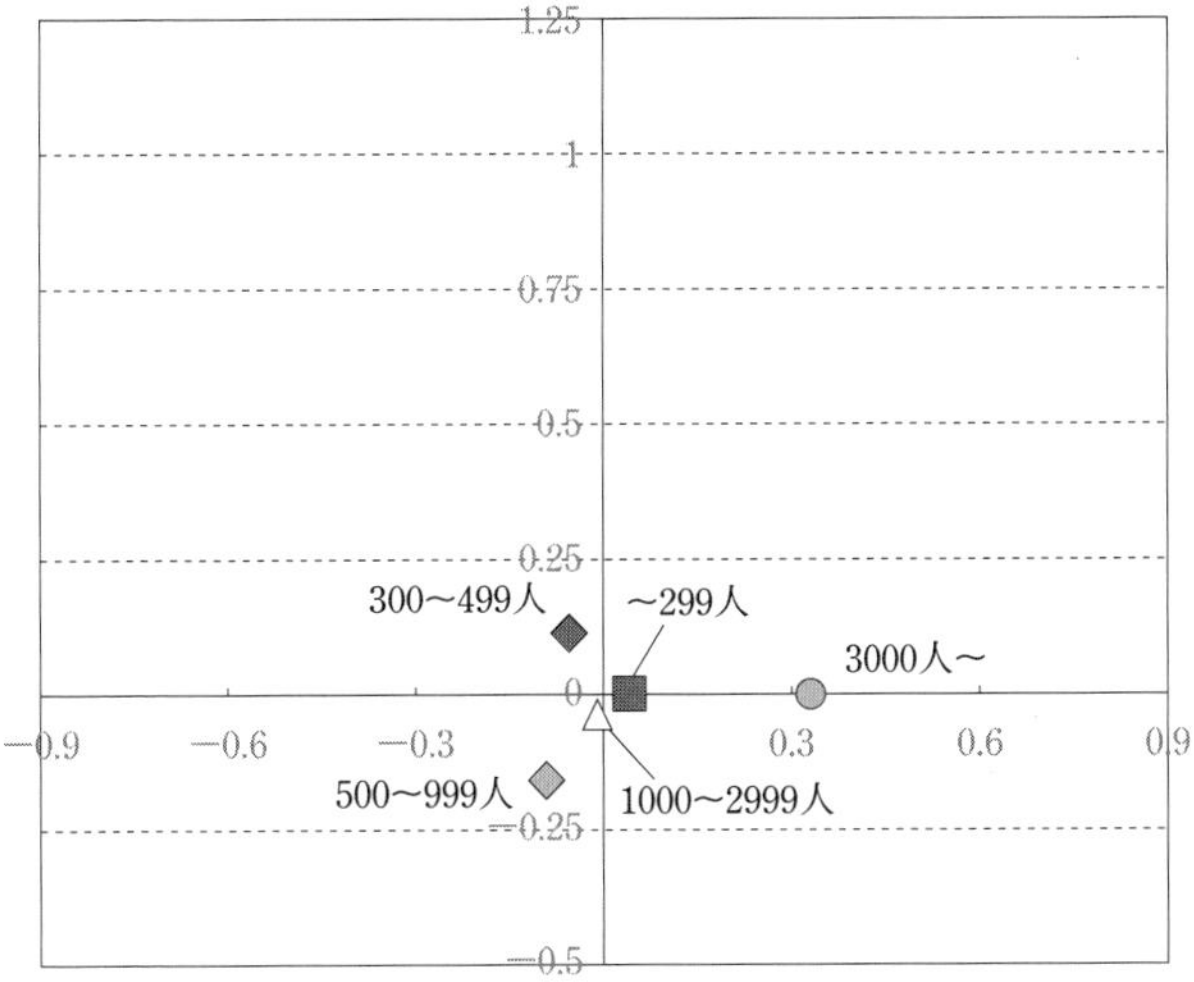

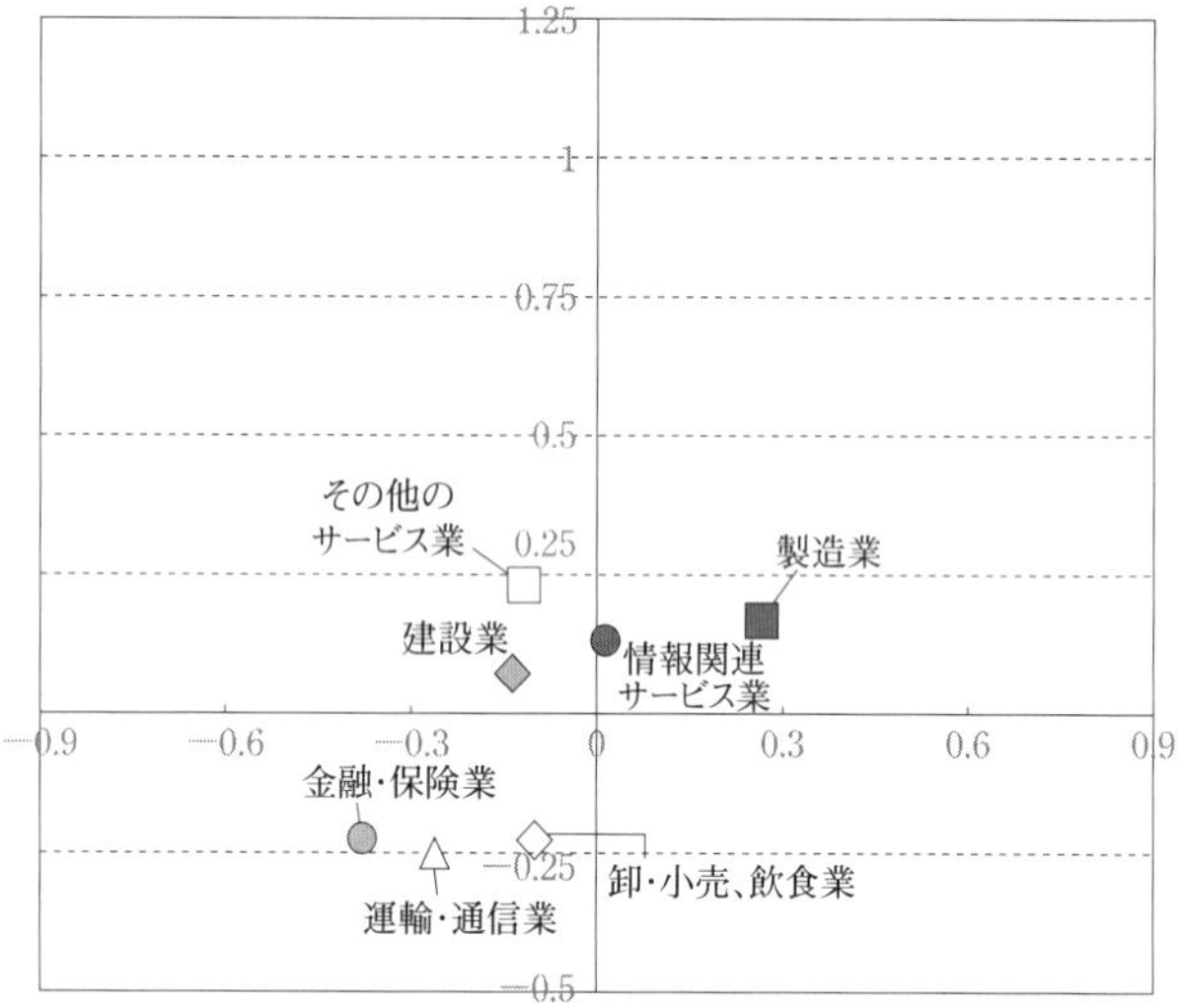

注）前記「大卒採用に関する企業調査」による。

はほとんど重なっていると理解される。したがって、企業の期待する大卒人材像は「協調性―リーダーシップ」と「専門性―行動力」に軸をおいて考えることが有効だと思われる。

そこで、企業所在地や規模、産業による人材観の違いを、同様の方法でこの二次元平面上にプロットすることで検討してみる。図表4-5のとおり、地域や企業規模別による違いは小さい。産業別がこの中では最も差が見られ、製造業と金融業の人材期待は対極にあるといえるが、しかしそれほどの大きな違いとはいえない。ここからは、企業が新規大卒に期待する人材像は、地域や規模によってはほとんど違わず、産業による違いも若干であると指摘できる。

次に、②の選択肢型の質問について一九九七年調査と比較し、この間の企業の人材観の

図表４－６　企業の新卒採用で重視する人材像の変化

	1997年調査	2005年調査
1　位	エネルギッシュで行動力	エネルギッシュで行動力
2　位	協調性・バランス感覚	協調性・バランス感覚
3　位	独創性・企画力	誠実・堅実
4　位	リーダーシップ	リーダーシップ
5　位	誠実・堅実	将来、経営管理のコア
6　位	専門分野の知識・技術	独創性・企画力
7　位	将来、経営管理のコア	専門分野の知識・技術
8　位	起業家資質	起業家資質

注）前記「大卒採用に関する企業調査」による。

変化を検討する。一九九七年調査における選択頻度順位と二〇〇五年調査での選択頻度順位を比較したのが図表４－６である。ここから、九七年調査でも一位、二位は同じで、「行動力」と「コミュニケーション能力」であることがわかる。最も多くの企業が支持する人材はこの間には変わっていない。しかし、下位ではいくつか順序が入れかわっている。「独創性・企画力」と「専門的知識・技術」への期待は低下しており、「誠実・堅実」と「将来、経営のコア」は高まっている。

地域別・規模別・産業別にもこの変化を検討した。地域別および規模別に見たときは、どの地域・規模でもほとんど同様の変化であった。産業別には、製造業に特徴があり、「誠実・堅実」が低下して七位になり、「専門的知識・技術」が上昇して三位になるという他産業と逆の変化がみられた。ここでも産業別の人材観の違いが特に製造業と他産業との間にあることが示唆された。

以上の検討結果をまとめる。企業が新規大卒に期待する人材像は、第一に、「協調性―リーダーシップ」と「専門性―

行動力」の二つの軸で考えることができ、最も多くの企業が評価するのは「行動力・前に踏み出す力のある」「協調性やバランス感覚のある、チームで働く力のある」人材であり、この点は九七年調査でも変わらない。第二に、専門性への期待はこれより下位になるが、九七年と比較すると、製造業を除いてはさらに低位の基準になっている。第三に、地域や企業規模による人材観はあまり違わない。ただし、その表現として「目的意識・ビジョン」「自主性・主体性」「課題発見解決能力」などの表現をとるか「明るく元気」「人間性」といった表現をとるか否かには、企業規模や地域の違いが見られた。すなわち、都市部・大企業ほど要素に分解されたいわゆるコンピテンシー的な能力表現をとる傾向がある。その背景には人的資源管理の違いがあると思われるが、求める人材の質そのものは、規模や地域によってはそれほど大きく違わないと考えられる。

3　大学が把握する企業の人材期待

大学進路指導・キャリアセンターに対する調査（「大学就職部／キャリアセンター調査」）でも、図表4－2と同じ項目で卒業生への企業からの期待をどう捉えているかを問うている。この回答を用いて、同様に多重応答分析を行なうと、図表4－7のとおり、企業調査とほぼ同じ二軸（「協調性―リーダーシップ」と「専門性―行動力」）が抽出された。ここから企業の人材観を大学の就職指導サイドも共有していると考えられる。

図表4－7　企業が評価する人材像についての多重応答分析結果

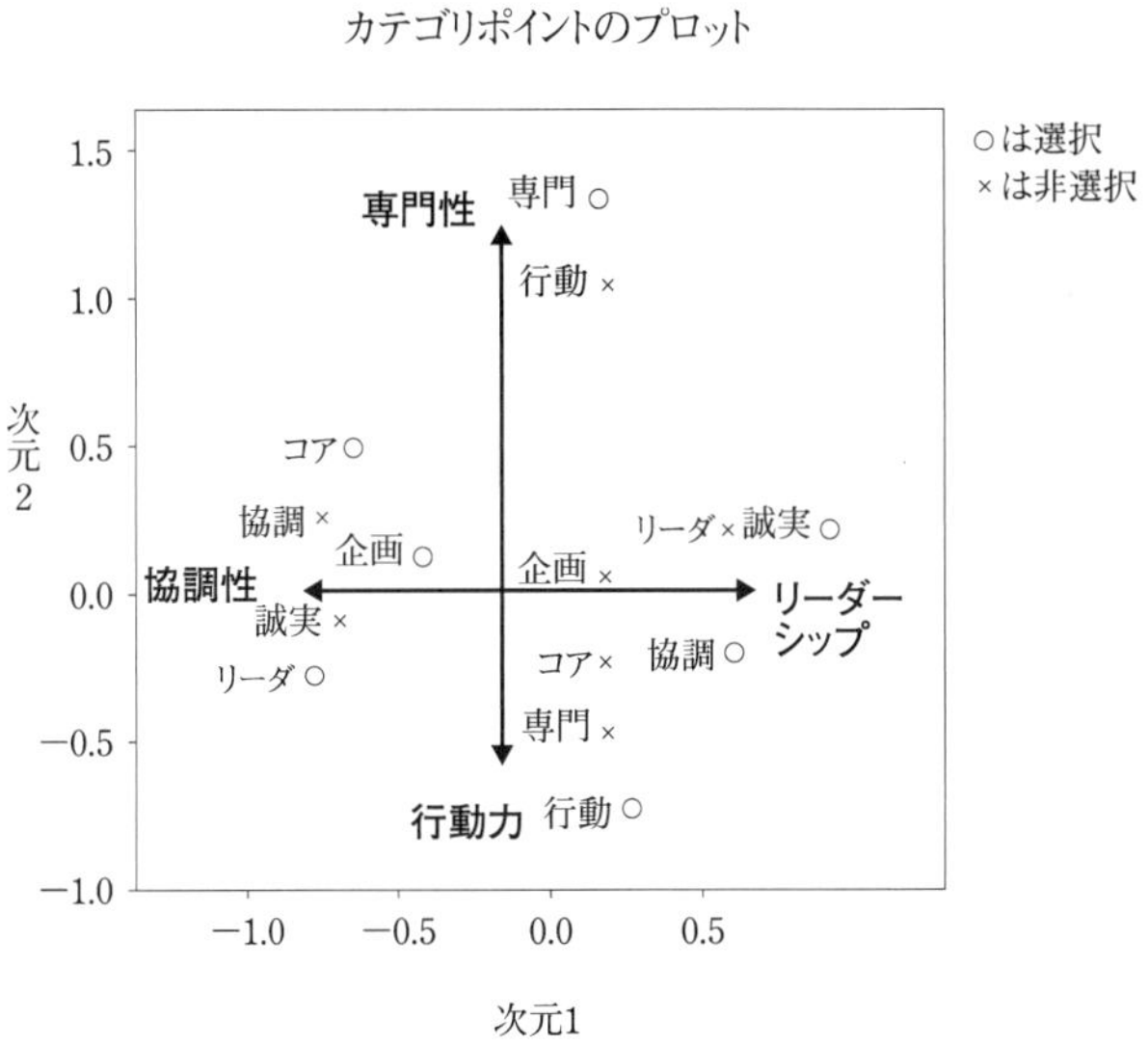

注）労働政策研究・研修機構が2005年に実施した「大学就職部／キャリアセンター調査」による。

大学ごとに人材期待の認識に違いがあると思われるので、このオブジェクト得点を用いて、傾向の似たものをグループ分けする分析法であるクラスター分析を行ない、企業の人材期待認識による大学のグループ分けを行なった。詳細は省略するが、この分析の結果、三つにグループ分けができた。それぞれのオブジェクト得点の特徴（「専門性―行動力」の次元のオブジェクト得点が高い、同次元のオブジェクト得点が低い、「協調性―リーダーシップ」の次元のオブジェクト得点が低い）から、三つのグループを順に「専門知識優位型」「行動力優位型」「リーダーシップ優位型」と名づけることにする。

この三つのグループに属する大学の特徴を記述すると、まず「専門知識優位型」は、分類することができた四九七校のうち一七四校を占める。理系の大学や教育・芸術系大学、文理混合型大学に多い。「行動力優位型」は二二七校で、文系で選抜性が比較的低い大学に多い。また、「リーダーシップ優位型」は七六校と少なく、選抜性の高い文系大学と国公立の総合大学に比較的多い。

では、この大学の認識は、企業の認識と合っているのだろうか。そこで、「大学生調査」を用いて、これらの大学の学生で就職活動を経験した者（内定獲得者のほか、就職活動中、就職活動停止者を含む）が、就職活動を通じて、企業が新卒採用においてどのような事項をどの程度評価していると思うかを尋ねた結果を検討する。図表４‐８には、「行動力優位型」と「専門知識優位型」大学それぞれの学生の回答を示した。ここからは、大学の労働市場認識にかかわらず、企業が評価したと学生が感じているのは、「人柄や個性」「自己アピール力」であることがわかる。

また、特に「人柄や個性」は、内定獲得者とこれを得られない者とで認識度が大きく異なる項目でもある。内定を得ていない者ほどこれを軽視し、一方で、インターンシップや大学の採用実績、大学外での学習活動が評価されると考えている。

ここでいう「人柄や個性」とは何だろうか。企業が大学新卒者に期待する人材観の分析からは、企業の変わらぬ人材期待が「行動力・前に踏み出す力のある」「協調性やバランス感覚のある、チ

図表4－8　学生が就職活動を経て感じる企業が新卒採用で評価する事項

①行動力優位型大学の学生

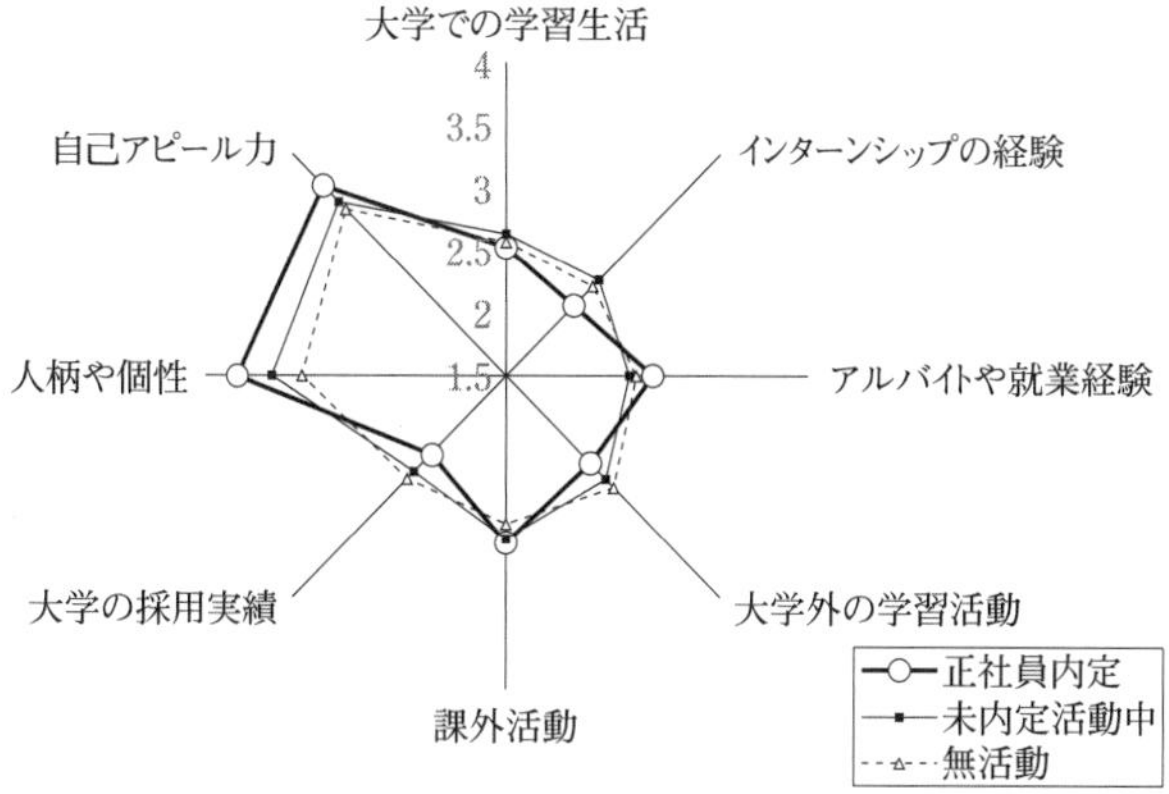

②専門知識優位型大学の学生

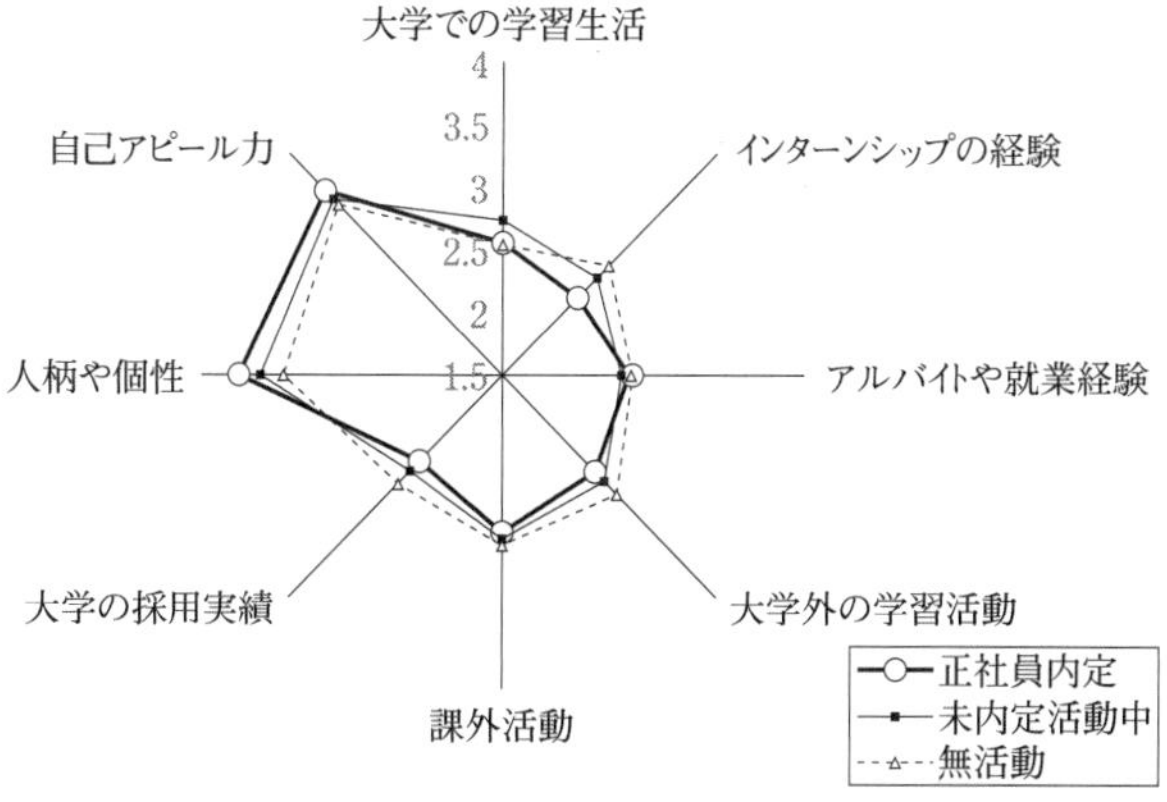

注）4点＝「はい」、3点＝「どちらかというとはい」、2点＝「どちらかというといいえ」、1点＝「いいえ」とした時の平均値を示す。労働政策研究・研修機構が2005年に実施した「大学生調査」による。

ームで働く力のある」人材にあることを指摘した。さらに、それが「明るく元気」「人間性」「適性」といった表現をとるか、「目的意識・ビジョン」「自主性・主体性」「課題発見解決能力」などの表現をとるかは、規模や地域の違いではないかとも指摘した。「人柄や個性」と表現されているものは、この企業が変わらず期待しているもの、言い換えれば、組織で働く上での基礎能力のことではないだろうか。だからこそ、技術系の大学卒業者でも第一に期待されているのだろう。

企業が「人柄や個性」を重視する傾向は、この調査で初めて明らかになったことではない。しかし、それは大学教育で育成するものだとは考えられてこなかった。だからこそ、「専門知識」を期待されているという認識をもつ大学が多いのだろう。しかし、「人柄や個性」と表現されているものが、「課題発見解決能力」や「自主性・主体性」などであればどうだろう。改めて教育課題として考え直せるものではないだろうか。

以上の検討をまとめると、大卒者の人材観について、大学と企業の間には基本的には共通する認識があるものの、大学側は「専門知識」を重視する傾向が強く、企業は「人柄や個性」と表現される組織で働く基礎能力を重視する傾向が強く、ここに企業と大学との人材観の齟齬があると思われる。

4　未内定学生、無活動学生の意識と行動、大学の支援との関係

第三点目の学生の行動と大学の支援の関係を検討する。序章で見たとおり（図表序-7）、大学四年生一一月時点での予定進路は、就職（公務含む）内定（五八・七％）、未内定で就職活動中の者（＝以下、未内定学生：一四・四％）のほか、未内定で就職活動をしていず、かつ、就職希望の者や進路未定で迷っている者（以下、無活動学生：四・九％）など、職業への移行が円滑に進んでいない者も少なくない。

未内定学生については、すでに第一章で詳しく分析しているので、ここでは、無活動学生に注目して、彼らのこれまでの就職活動経験をみてみよう。

図表4-9には、「大学生調査」の回答者全体の予定進路別就職活動状況を示した。下段が、調査時点では、内定を得ていず、かつ、就職活動をしていない者である。右の企業説明会参加状況を見ると、その約半数は会社説明会へ参加し、二〜三割は人事面接も受けていることがわかる。現在無活動の学生たちが、当初からまったく無活動だったわけではない。むしろ、いったんは何らかの就職活動をしながら進路選択に迷って就職活動を続けていないという者が多いと思われる。

さらに、大学院等への進学希望の学生にも就職活動に手を染めた者が多いことがこの表からはわかる。すなわち、進路選択への迷いは、進学希望者を含め多くの者が経験しているということだろ

図表4－9　予定進路別就職活動状況

（単位）	説明会参加企業数*（社）	面接を受けた企業数*（社）	内定企業数*（社）	企業説明会参加者比率（％）	人事面接受験者比率（％）
合計	11.7	5.7	1.3	81.5	75.5
正社員	14.7	7.2	1.6		
公務教員内定	3.0	1.8	1.4		
契約派遣・非常勤	10.7	5.5	1.6		
他内定有	10.2	5.4	1.3		
内定なし・就活中	6.5	2.9		75.7	59.7
無活動・大学院希望	3.8	1.1		45.5	22.0
留学・専門学等希望	6.0	1.9		48.6	31.8
無活動・公務教員希望	3.7	1.1		37.3	19.3
無活動・就職希望	5.4	1.7		54.7	30.6
資格試験準備	5.6	2.3		50.0	37.5
無活動・未定・迷っている	3.5	1.1		48.2	22.8

＊それぞれ上下５％を除く平均値。

う。無活動学生は特別の存在ではない。

では、進路を分けているものは何なのか。すでに、第一章では、大学の選抜性による類型別に、就職活動の時期や活動内容を中心として未内定学生と内定獲得者の違いを検討し、第二章においては、同様に選抜性による類型別に、相談機能に重点を置いて内定獲得の規定要因を検討した。ここでは、より総合的に、大学の諸属性、就職・キャリア形成支援体制、学業成績や学生生活の諸側面での学生行動特性をふくめて、内定を獲得する学生と未内定学生、無活動学生を分ける要因を検討し、そこから企業が採用に当たって要請する能力と関連する大学教育の要素を考察する。

図表4－10は、内定獲得者を0、未内定学生を1とした場合、および、無活動学生を1とした場合について、それぞれ二項ロジステ

図表 4 -10　4年11月時点での内定獲得と未内定、または、就職活動停止を分ける要因についての二項ロジスティック回帰分析（人文・社会科学系のみ）

（従属変数：「内定あり」＝０／「未内定」＝１または「就職活動停止」＝１）

	（内定あり＝0）に対して		未内定＝1		就職活動停止＝1	
			B	オッズ比 Exp(B)	B	オッズ比 Exp(B)
	性別	男性・D	−0.386	0.680***	−0.615	0.540***
大学属性	大学選抜性・ダミー変数化（以下・D）〈基準＝私立B〉	私立A	−0.999	0.368***	−1.421	0.241***
		私立C	0.229	1.257	−0.143	0.867
		国立	−0.795	0.452***	−0.503	0.605
		公立	−1.042	0.353***	−1.766	0.171***
	学部系統・D〈基準＝人文科学〉	経済・経営	−0.531	0.588***	−0.690	0.502***
		法学	−0.241	0.786	−0.397	0.672
		その他の社会科学	−0.466	0.628*	−0.318	0.728
	大学卒業生規模・D〈基準＝200人未満〉	200〜499人	−0.090	0.914	−0.252	0.777
		500〜999人	−0.285	0.752	−0.346	0.707
		1000〜1999人	−0.410	0.664	−0.167	0.846
		2000人以上	−0.809	0.445**	−0.828	0.437
	大学所在地・D〈基準＝九州・沖縄〉	北海道・東北	−0.364	0.695	−0.816	0.442*
		北関東	−0.247	0.781	−0.392	0.676
		首都圏	−0.778	0.459***	−0.021	0.980
		中部・東海	−0.564	0.569***	−0.434	0.648
		近畿	−0.301	0.740	−0.176	0.839
		中国・四国	−0.422	0.656*	−0.154	0.857
大学の就職支援体制	卒業生100人当たりの就職指導等専任職員数		0.131	1.140	−0.050	0.951
	卒業生100人当たりの就職指導担当教員数		0.186	1.205***	0.409	1.506***
	卒業生100人当たりの大学就職指導予算		0.000	1.000	0.000	1.000
	大学のキャリア支援活動実施の有無・D	キャリア支援の講義	0.020	1.021	0.664	1.942**
		インターンシップ・実習	−0.467	0.627*	−0.573	0.564*
		学内推薦による応募	0.311	1.364**	0.133	1.142
	キャリア支援の施策の実施有無・D	就職手帳・ノート作成	−0.148	0.862	0.304	1.355
		適性検査の実施	0.168	1.183	0.004	1.004
		OB・OG 名簿提供・紹介	0.078	1.081	0.367	1.443*
		公務員教員試験対策	0.223	1.250	0.355	1.426
		資格取得支援	−0.039	0.962	−0.051	0.951
	大学の成績での優の割合		−0.042	0.959*	−0.121	0.886***
	クラブやサークル活動・D〈まったく熱心でなかった〉	とても熱心だった	−0.170	0.844	−0.761	0.467***
		まあ熱心だった	0.055	1.057	−0.124	0.884
		それほど熱心でなかった	−0.040	0.961	−0.116	0.891
	友達や恋人との付き	とても熱心だった	−0.357	0.700	−1.027	0.358***

	合い・D	まあ熱心だった	−0.323	0.724	−0.845	0.430**
	〈まったく熱心でなかった〉	それほど熱心でなかった	0.001	1.001	−0.530	0.588+
学生の大学時代の行動	アルバイト・D	とても熱心だった	−0.690	0.502***	−0.508	0.602*
		まあ熱心だった	−0.590	0.554***	−0.398	0.671+
	〈まったく熱心でなかった〉	それほど熱心でなかった	−0.446	0.640**	−0.331	0.718
	ダブルスクール・資格取得・D	とても熱心だった	0.071	1.074	−0.248	0.781
		まあ熱心だった	−0.022	0.978	−0.589	0.555**
	〈まったく熱心でなかった〉	それほど熱心でなかった	0.110	1.117	−0.090	0.914
	インターンシップ・D	とても熱心だった	−0.402	0.669*	−0.336	0.715
		まあ熱心だった	−0.429	0.651**	−0.455	0.634+
	〈まったく熱心でなかった〉	それほど熱心でなかった	−0.017	0.983	0.223	1.250
	大学３年時に進路を相談した相手・D	保護者	−0.214	0.807*	−0.402	0.669**
		大学内の友達	0.049	1.050	−0.320	0.726*
		大学外の友達	0.142	1.152	0.197	1.217
		先輩	−0.278	0.757**	−0.018	0.982
		大学教職員・カウンセラー	−0.206	0.814*	−0.552	0.576***
		誰にも相談しなかった	0.141	1.152	0.132	1.141
大学の就職指導の利用	就職手帳・D	役立った	−0.896	0.408***		
		やや役立った	−0.316	0.729		
	〈役立たなかった〉	あまり役立たなかった	−0.224	0.800		
		利用しなかった	−0.162	0.851		
	個別企業の情報・求人情報・D	役立った	0.671	1.956*		
		やや役立った	0.729	2.073**		
	〈役立たなかった〉	あまり役立たなかった	0.453	1.573		
		利用しなかった	0.155	1.167		
	適性検査・D	役立った	−0.282	0.754		
		やや役立った	−0.052	0.950		
	〈役立たなかった〉	あまり役立たなかった	0.030	1.030		
		利用しなかった	0.208	1.231		
	OB・OG の名簿や紹介・D	役立った	−0.129	0.879		
		やや役立った	−0.087	0.917		
	〈役立たなかった〉	あまり役立たなかった	0.296	1.344		
		利用しなかった	0.183	1.201		
	就職模試・SPI 対策・模擬面接・D	役立った	0.087	1.091		
		やや役立った	0.175	1.191		
	〈役立たなかった〉	あまり役立たなかった	0.367	1.443		
		利用しなかった	0.445	1.561*		
	公務員・教員試験対策・D	役立った	1.499	4.476***		
		やや役立った	0.981	2.667***		
	〈役立たなかった〉	あまり役立たなかった	0.328	1.388		
		利用しなかった	−0.192	0.825		
	履歴書等の書き方指導・D	役立った	−0.526	0.591*		
		やや役立った	−0.121	0.886		
	〈役立たなかった〉	あまり役立たなかった	−0.208	0.812		

	利用しなかった	0.088	1.092		
資格取得支援・D	役立った	−0.006	0.994		
	やや役立った	−0.095	0.910		
〈役立たなかった〉	あまり役立たなかった	−0.058	0.943		
	利用しなかった	−0.224	0.799		
定数		1.050	2.858	1.281	3.602
カイ2乗			792.708***		421.825***
−2対数尤度			4012.919		1920.224
Cox & Snell R2乗			0.158		0.099
Nagelkerke R2乗			0.244		0.225
使用ケース数			4619		4061

有意確率　＋<0.10、*<0.05、**<0.01、***<0.001

注1　「大学生調査」、「大学就職部／キャリアセンター調査」の接合データによる。
注2　使用した変数は以下のとおり。

【性別】「男性」=1、「女性」=0のダミー変数（表中のDはダミー変数であることを示す）。

【大学属性】
- 大学選抜性　「私立B」を基準とした、「私立A」、「私立C」、「国立」、「公立」の各ダミー変数。
- 学部系統　「人文科学」を基準とした「経済・経営」、「法律」、「その他の社会科学」の各ダミー変数。
- 大学卒業生規模　「200人未満」を基準とした「200～499人」、「500～999人」、「1000～1999人」「2000人以上」の各ダミー変数。
- 大学所在地　「九州・沖縄」を基準にした「北海道・東北」、「北関東」、「首都圏」、「中部・東海」、「近畿」、「中国・四国」の各ダミー変数。

【大学の就職支援体制】
- 卒業生100人当たりの就職指導等専任職員数。
- 卒業生100人当たりの就職指導担当教員数。
- 卒業生100人当たりの大学就職指導予算額（万円）。
- 大学のキャリア支援活動実施の有無。以下の各項目について「実施している」=1とするダミー変数
  「キャリア支援の講義」、「インターンシップ・実習」、「学内推薦による応募」。
- キャリア支援の施策の実施有無。以下の各項目について「当てはまる」=1とするダミー変数
  「就職手帳・ノート作成」、「適性検査の実施」、「OB・OG名簿の提供・紹介」、「公務員・教員試験対策」、「資格取得支援」。

【学生の大学時代の行動】
- 大学の成績での優の割合（自己評価）。
- 大学生活での次の各項目への熱心度。それぞれについて、「まったく熱心でなかった」を基準とした「とても熱心だった」、「まあ熱心だった」、「それほど熱心でなかった」の各ダミー変数。
  「クラブやサークル活動」、「友達や恋人との付き合い」、「アルバイト」、「ダブルスクール・資格取得」「インターンシップ」。
- 大学3年時に進路を相談した相手。以下の各項目について「相談した」=1とするダミー変数。
  「保護者」、「大学内の友達」、「大学外の友達」、「先輩」、「大学教職員・カウンセラー」「誰にも相談しなかった」。

【大学の就職指導の利用】
- 次のそれぞれについて「役立たなかった」を基準とした「役立った」、「やや役立った」、「あまり役立たなかった」、「利用しなかった」のダミー変数。
  「個別企業の情報・求人情報」、「適性検査」、「OB・OGの名簿や紹介」、「就職模試・SPI対策・模擬面接」、「公務員・教員試験対策」、「履歴書等の書き方指導」、「資格取得支援」。

ィック回帰分析を行なった結果である。なお、文系理系で採用枠が異なることが多いので、ここでは学部は人文・社会科学系に絞った。

この結果を内定獲得者の特徴として整理すると、まず、性別には男性で、大学属性としては入学難易度の高い私立大学や国公立大学で、専攻は経済・経営系で、また、学生数の多い大学で内定獲得者が多い傾向がある。地域では、中部・東海地方や首都圏で多い。反対に女性、入学難易度の低い私立大学、人文科学系学部、九州・沖縄地方で未就職や無活動が多い。これらは、先行研究での指摘にほぼ重なる結果である。

大学の就職・キャリア形成支援との関係はどうか。大学の支援体制としては、インターンシップや企業実習を実施する大学に内定獲得者が多い。また本人の大学就職指導利用状況との関係（表の後段）から見ると、就職手帳や履歴書・エントリーシートの書き方指導を役立たせた学生で内定獲得が多い。さらに大学三年時に教職員やカウンセラーと相談した学生も内定を獲得する傾向がある。ここからは、大学の行なう支援が未内定者や就職活動を途中で停止する学生を減らす効果があることが推測される。

しかし、まったく逆に、大学の支援体制の充実が未内定、無活動学生の多さと結びついていることを示唆する結果も読み取れる。すなわち、就職指導を担当する教員数が多く、キャリア支援のための講義を実施し、またＯＢ・ＯＧ名簿を提供し、学内推薦による応募を進めている大学のほうが、未内定・無活動学生が多い傾向である。このほか学生個人の行動として、大学が提供する個別企業情報を役立てている学生ほど内定獲得をしていない傾向もある[12]。

これは、因果を逆に捉えるべきだろう。未内定者や無活動者が少なからずいる大学ほど、教員を含めた支援体制を整えて積極的な支援を展開しているが、この段階ではその効果がまだ十分発揮されていないと解釈すべきだと思われる。就職・キャリア形成の支援については、地方の小規模の私立大学など労働市場でのポジションが悪い大学ほど、それに経費と人員を投入していることが指摘されている（労働政策研究・研修機構 2006c）。それだけにこうした施策の効果は経年的に見なければ確かめられないので、この調査結果だけからこれらの施策の効果がないとか逆効果だとは結論できない。

さて、もうひとつの別の側面として学生生活との関係を検討した。内定獲得者の特徴として、まず、大学の成績が良いこと、アルバイトおよびインターンシップに熱心なことがあげられる。さらに、無活動学生との比較では、友達や恋人との付き合い、クラブやサークル活動に熱心であることも内定獲得者の特徴だった。なお、大学の成績と、サークル、友人との付き合い・アルバイトといった学生生活への積極性ではどちらが内定への影響力が大きいかを検討すると、学生生活のほうが影響力は大きかった。

学生生活上の活動に熱心であることが内定獲得に結びつくのは、「人柄や個性」と表現されている企業の採用要件と関連が深いと思われる。企業の採用面接では、学生生活の上での経験を語らせる質問が少なくないが、こうした質問を通じて企業は「人柄や個性」と表現される採用要件を測っているのであろう。

以上の検討をまとめると、未内定や無活動学生は労働市場での競争力の弱い学校に多い傾向があるが、大学の行なう就職・キャリア形成支援のうち、インターンシップや相談などについてはその効果が確認された。他方、就職・キャリア形成支援を担当する教員数が多く、キャリア形成のための講義を設置している大学、個別企業情報を提供し斡旋を行なう大学にむしろ未内定・無活動学生が多い傾向もあった。後者の指導・支援は、労働市場における競争力の弱い大学が多く行っていることの影響と考えられ、この効果は時系列的な分析によらなければわからない。また、友達との付き合い、クラブ・サークル、アルバイトといった学生生活に熱心な者ほど内定を得る傾向があり、これは学業成績より効果が大きかった。こうした学生生活の中に、「人柄や個性」と表現される企業の採用要件に対応した能力獲得の過程が含まれていることが示唆される。

5　まとめ

本章では、企業の新規大卒者に期待する人材像を探り、こうした企業の期待を大学が正確に把握しているのか、その齟齬を検討した。また、未内定学生や無活動学生と内定獲得学生との間の、大学の諸属性、大学の行なう就職・キャリア形成支援の施策、学生生活の特徴の違いを検討することから、企業がどこでそうした人材像を見極めようとしているかを探った。

企業が新規大卒に期待する人材像は、近年大きく変わっているわけではなく、組織で共同して課題に取り組む「基礎力」のある人材が一貫して期待されていた。ただし、その表現が、人的資源管理へのコンピテンシー概念の導入により、「人柄」「人間性」からコンピテンシーを背景にした表現へと変わってきていた。

大学側がとらえる企業の期待する人材像も大きくずれてはいないが、大学は「専門知識」への期待を強く意識しており、「人柄」と表現される要件は重視していない。一方、内定獲得学生は、「人柄」要件の評価が大きいことを実感しており、未内定・無活動学生ほどこの意識が薄い。アルバイト、サークル、友達との付き合いといった学生生活上の活動への積極性が内定獲得に影響していたが、これは「人柄」要件とこれらの学生生活の中で鍛錬されるものとの関係が大きいからではないかと思われる。

大学のキャリア形成支援施策については、一部に内定獲得と結びつく効果が見られたが、キャリア開発科目の導入などは、労働市場における各大学のポジションが影響していると思われ、その効果はこの検討の範囲では測れなかった。

以上の検討から、今後、キャリア形成支援の視点から大学が取り組むべき課題として、私は、次の二点を挙げたい。

第一に、これまで認識してこられなかった「人柄」と表現される要件を教育プログラムに取り込むことである。アルバイトやサークル、友達とのつきあいといった、大学生活に伴う諸活動を奨励するのもひとつの方法かもしれないが、より積極的に、教育プログラムとして設計していくべきではないか。すなわち、企業は、「人柄」を「主体性」「課題発見能力」「傾聴力・発信力」などの目に見え、育成可能な能力として伝えるようになってきている。コンピテンシー概念を導入した企業では、これらの能力は、行動レベルで表現され、外からの把握が可能な能力と見られている。この概念は、企業内での能力開発に活用されているのと同様、大学教育にも取り込むことは可能であろう。

確かに、大学教育においては、専門性はその基本的枠組みであり、また、それは職業にすべて結びつくたぐいのものでもない。しかし、専門教育のなかで、職業人として必要な能力である組織で共同して課題を達成するための力を養成することは、可能であるし、専門教育の効果も高めよう。すなわち、専門教科等の学習の中に、「主体性」や「課題発見能力」などの育成を図る教育方法を取り込むことはできよう。いや、ゼミやフィールドワーク、サービスラーニングなどすでに取り入れられているさまざまな教育方法に、職業人としての能力開発でもあるという視点を付け加えればいい。そして、次の段階で、卒業時に身につけさせたい力を整理し、これまでのプログラムでは十分ではない分野について、新たな教育プログラムを開発していけばよいのではないか。

同時に教育を通じて開発される能力について、教員と学生、さらに、産業界が共通認識することが重要である。職業人として必要な能力育成が在学中から始まっているという認識に立てば、産業界からの情報発信とフィールドの提供が教育効果を高めることは、当然、産業界にも理解されるところであろう。

第二は、キャリア開発科目をどのように導入するかである。大学教育がキャリア形成支援の視点を持つことは、間違いなく必要なことだと思われる。しかし、本章での検討によれば、現在のキャリア開発科目が就職に対してプラスの影響を及ぼしているという確証は得られなかった。分析が不十分であった面もあろうが、拙速な導入への警鐘として、あえてこの点に注目したい。キャリア開発科目は、どのような教育効果を狙ってどのように設計するのか、教育プログラムとしてきちんと評価しながらその導入は進めるべきだろう。拙速な導入が、キャリア形成支援そのものへの疑問を生むことは、なんとしても避けなければならない。

そして、これら二つの課題は、実は表裏をなすものだろう。卒業後就業する職業・産業、そして個々人のキャリアを考えた時、大学教育が取り組むべきことは、卒業後に必要な力の一端を身につけさせることであろう。キャリア開発科目とはもともとそういうねらいをもつものだろう。学生に自らのキャリアを考えさせ、それを設計する能力を身につけさせることと、そこで必要な能力について自覚的に開発を試みることとは、別々に行なうことではない。

労働政策研究・研修機構（2005）が紹介している英国の大学の例では、キャリアサービス部門は、職業に移転できるスキルとカリキュラムとの関連付けの一覧表を提示して学生の授業選択の援助を行うとともに、一方では、地域・企業と連携しての就業経験プログラムやそれに代わる模擬体験のプログラムの開発に取り組んでいた。そこでは、産業界の要請に敏感な職員層が積極的な役割を果たしている。

日本におけるこの分野も、キャリア支援への経験を蓄積してきた職員中心のキャリアサービス部門とカリキュラムを開発し担ってきた教員とが綿密な連携をとって、学生の指導に当たることで、はじめて効果をあげることができるのではないだろうか。

こうした大学の動きを加速するのが、国の課題だろう。大学におけるキャリア形成支援の活動を活性化させる政策は厚生労働省が、産業界が人材養成の一環として教育に参加することを促す政策は経済産業省が、大学が環境変化に対応して新たな教育プログラムを設計していける環境整備は文部科学省が、それぞれに、また、連携して政策を運営していくべきだと思われる。

注

（1）日本企業においてコンピテンシーは、「個人が、優れた業績を上げるために、行動レベルで発揮されている能力」で、成果・業績を測定するための基準として導入が図られた（経済同友会、1999）。潜在的なものでなく、発揮される、顕在的なものであることが強調されている。
（2）根元（2004）は17%という調査データを示している。また、岩脇（2007）は本格的な導入から、一部の概念の使用まで、導入にもいくつかのレベルがあることを指摘している。
（3）厚生労働省、文部科学省、経済産業省（1997）が発表し、学生・大学・企業の相互理解の促進のための新たな枠組みとして推奨された。
（4）大卒採用実績がある四七八九社に調査票を発送し、一三六二の有効回答を得ている。詳しくは、序章参照。

（5）平成一六年度に卒業生を出している全国の四年制大学六一七校（医学・看護学・宗教学の単科大学を除く）の就職部・キャリアセンターに調査票を発送。有効回収票数は五一〇票（回収率八二・七％）。詳しくは序章参照。

（6）全国の四年制大学のうち協力をえられた二七六校の四年生（医学部、歯学部、看護学部の学生を除く）約四万九千票（WEB調査分を除く）に対して、大学の協力の下に調査票を配布。有効回収票数は一万八五〇九票。詳しくは序章参照。

（7）「前に踏み出す力・課題創造達成力」は、社会人基礎力では別の大分類で、後者は「考え抜く力」に当たると思われるが、自由回答の分析では両者は分離しがたく、これを同一の大分類とした。その結果、岩脇の分類に近いものになった。

（8）一件の記述に複数の能力要素が含まれていることもあるため、合計は一〇〇％にならない。

（9）これらの分類は似通った表現であるが、できるかぎり具体性のある項目に優先して振り分けた。たとえば、「やりたい仕事のイメージを持っているか」という表現であれば、「意欲・やる気」より具体性のある「目的意識・ビジョン」に分類した。

（10）「起業家の資質がある人」はほとんど選択されていないので、これは除外した。

（11）多重応答分析は二次元で行なった。三次元にすると説明力は増したが、煩雑で理解が難しいので二次元で検討した。

（12）このほか公務員・教員試験対策が役立ったという者ほど未内定であるが、これは公務員・教員試験が難関であり、これを希望する者ほど内定が得られないということであろう。

引用文献

安達智子　2004「大学生のキャリア選択―その心理的背景と支援」『日本労働研究雑誌』No. 533.

平沢和司・濱中義隆・大島真夫・小山浩・苅谷剛彦　2005「大学から職業へ――マージナルな大学生の就職活動プロセス」日本教育社会学会第57回大会発表資料
本田由紀　2005『多元化する「能力」と日本社会――ハイパーメリトクラシー化のなかで』NTT出版
居神浩・三宅義和・遠藤竜馬・松本恵美・中山一郎・畑秀和　2005『大卒フリーター問題を考える』ミネルヴァ書房
石田光男　2006「賃金制度改革の着地点」『日本労働研究雑誌』No. 554, 47～60.
岩脇千裕　2006「大学新卒者に求める『能力』の構造と変容――企業は即戦力を求めているのか」『Works Review』創刊号
岩脇千裕　2007「日本企業の大学新卒者採用におけるコンピテンシー概念の文脈――自己理解支援ツール開発にむけての探索的アプローチ」JILPTディスカッションペーパー 07-04.
角方正幸・八田誠　2006「若年の基礎力と就職プロセスに関する研究――若年の類型化と対応するミスマッチ解消策」『Works Review』創刊号
経済同友会　1999『第14回企業白書』経済同友会
http://www.doyukai.or.jp/whitepaper/articles/no14.html＃T1
経済産業省　2006『社会人基礎力に関する研究会――中間まとめ』
厚生労働省・文部科学省・経済産業省　1997『インターンシップの推進に当たっての基本的考え方』
厚生労働省　2004『若年者の就職能力に関する実態調査』結果
小杉礼子編　2005『フリーターとニート』勁草書房
小杉礼子・堀有喜衣編　2006『キャリア教育と就業支援――フリーター・ニート対策の国際比較』勁草書房

文部科学省　2006『平成18年度学校基本調査速報』
永野仁　2004「大学生の就職活動とその成功条件」、永野仁編『大学生の就職と採用――学生1、143名、企業658社、若手社員211名、244大学の実証分析』中央経済社
内閣府　2006『経済財政白書』
根本孝　2004「企業の採用基準と即戦力採用」、永野仁編『大学生の就職と採用――学生1、143名、企業658社、若手社員211名、244大学の実証分析』中央経済社、pp. 49-65.
National Committee of Inquiry into Higher Education 1997 "Higher Education in the Learning Society"（デアリングレポート）。London: HMSO;http://www.leeds.ac.uk/educol/ncihe.
日本労働研究機構　1992『大学就職指導と大卒者の初期キャリア』調査研究報告書 No. 33.
日本労働研究機構　1994『大学就職指導と大卒者の初期キャリア（その2）――三五大学卒業者の就職と離転職』調査研究報告書 No. 56.
日本労働研究機構　2000『変革期の大卒採用人的資源管理――就職協定廃止と大卒の採用・雇用管理の変化』調査研究報告書 No. 128.
日本労働研究機構　2001『調査研究報告書日欧の大学と職業――高等教育と職業に関する12ヵ国比較調査結果』調査研究報告書 No.143.
労働政策研究・研修機構　2005『高等教育と人材育成の日英比較――企業インタビューから見る採用・育成と大学教育の関係』労働政策研究報告書 No. 38.
労働政策研究・研修機構　2006a『大学生の就職・募集採用活動等実態調査結果I　大卒採用に関する企業調査』JILPT 調査シリーズ No. 16.
労働政策研究・研修機構　2006b『大学生の就職・募集採用活動等実態調査結果II「大学就職部／キャリアセンター調査」及び「大学生のキャリア展望と就職活動に関する実態調査」』JILPT 調査

シリーズNo. 17.
労働政策研究・研修機構　2007『大学生と就職――職業への移行支援と人材育成の視点からの検討』労働政策研究報告書No. 78.
The Secretary's Commission of Achieving Necessary Skills, U.S. Department of Labor 1992 "Learning a Living : A Blueprint for High Performance—a SCANS Report for America 2000."（スキャンズレポート）; http://wdr.doleta.gov/SCANS/.

第五章　大卒者の早期離職の背景

小杉　礼子

1　はじめに

本章では、早期離職や学卒無業などの大学卒業から短期の間の大卒者の職業行動（＝初期職業キャリア形成）に、大学教育がどのような影響を与えているかを検討する。

わが国で若年期のキャリアを分析する場合、注目すべきポイントは、卒業時に就職して正社員になるかならないか、そして、最初の就職先に定着するか早期に離職するかだと思われる。卒業時に正社員にならない、すなわち、学卒無業・非正社員についての既存研究については、すでに前章までに検討してきた。では、定着あるいは離職について、大学教育との関係ではどのようなことがすでに知られているのだろうか。

学卒者の早期離職は、七・五・三離職[1]、すなわち、新規大卒就職者でも三割以上が就職三年以内に離職するようになったことがよく指摘される。この早期離職への学卒時の労働市場の影響については、労働経済学の分野での研究蓄積があるが（太田 1999、黒澤・玄田 2001）、しかし、大学教育や就職支援との関係では、実証的な研究は少ない。少し古くなるが、日本労働研究機構（1994、1995）では、大卒一〇年目までのキャリアの実態調査を基に、転職を経験する者は選抜性の低い大学卒業者に多く、学部では人文科学系や農学系で多い、あるいは、入職経路としてOB経由の場合の離職率は低く、縁故や新聞広告の場合は高いことなどの指摘をしている。最近では、永野（2004）が、若手社員の早期離職と在学中のインターンシップの関連を論じているが、これは関係性を示唆しているにとどまる。すなわち、早期離職に大学の教育・指導がどうかかわっているかは、十分検討されていない課題だといえる。

そこで、この章では早期離職と正社員での定着、非典型雇用での就業などの初期職業キャリアを二〇〇六年三月大学卒業者への調査[2]（以下「卒業後調査」と呼ぶ）から抽出し、これに対して出身大学やそこでの教育・就業支援プログラムがどのようにかかわっているかを検討する。この検討を通して、大卒者の初期職業キャリア形成に、大学における教育・支援活動はどのように貢献しているのか、その課題は何かを明らかにすることを試みる。ただし、ここで使用する調査は卒業二ヵ月後という早い時点で実施されており、議論できる範囲は限定的である。それでも、景気回復後の状況を反映していること、また、大学の諸属性やキャリア形成支援との関連が捉えられることから、貴重なデータだといえる。

本章の構成は、続く第二節で「卒業後調査」結果から大卒者の初期職業キャリアの類型を抽出して類型ごとの現職の特徴を整理し、第三節では本人の自己評価から類型ごとの問題点を検討し、第四節では初期キャリア類型と大学における教育・支援の関係を検討し、第五節で必要とされる仕事上の能力について見たのちに、第六節で「職業生活に役立つ」大学教育とは何かを検討し、第七節でこれらの検討をまとめることにしたい。

2　就職と就業継続――初期職業キャリアの抽出

(1) 学卒直後と卒業二ヵ月後の就業状況

四年制大学卒業時の進路は、二〇〇六年三月卒業者の場合、就職者が六三・七%と大半を占め、アルバイトなどの一時的雇用が三・〇%、大学院等進学者が一二・一%、専修学校や外国の学校進学者が二・二%、臨床研修医が一・七%、それ以外(=無業)が一四・七%、死亡や不詳が二・七%であることが、文部科学省による学校悉皆の調査で明らかになっている(文部科学省 2006)。

これに比べて、「卒業後調査」における卒業直後の状況は、正社員やアルバイト・パートなどの就業者が八一・四%、大学院や専門学校等への進学者が一二・七%、卒業時点で就業も進学もしていない無業者が四・七%と、就業者が多く、無業者が少ない(N=2,124)。アンケート調査にあり

図表5－1　卒業直後に無業だった者の卒業2ヵ月後（2006年6月初め）の状況

単位：％　太字実数

	男女計		男性	女性
合計	**99**	100.0	100.0	100.0
典型雇用	**7**	7.1	5.3	8.2
契約社員・嘱託・派遣社員	**5**	5.1	2.6	6.6
アルバイト・パート	**15**	15.2 *1	10.5	19.7
家族従業者	**1**	1.0	0.0	1.6
専門学校・他大学等在学	**3**	3.0 *2	0.0	4.9
就職活動中	**22**	22.2 *3	34.2	14.8
公務員・教員等試験準備中	**27**	27.3	31.6	24.6
専業主婦(夫)・結婚準備中	**4**	4.0	0.0	6.6
特に何もしていない	**9**	9.1	15.8	4.9
その他、無回答	**5**	5.1	0.0	8.2

*1：アルバイトなどに就きながら、就職活動中2、教員等試験準備中1、進学準備中3を含む。
*2：専門学校等に在学しながら、アルバイトなど2、同時に、就職活動1、教員等試験準備中2を含む。
*3：求職活動をしながら、教員等試験準備中4、進学準備中1を含む。

がちな進路が確定した者だけが答えるという傾向が出てしまっており、当然、この調査から大卒無業者の比率を検討することは意味がない。ただし、無業で卒業した者のその後（二ヵ月後）の状況や無業者の求職状況、初期キャリアの実態などの検討は可能であり、現在の問題の分析には役に立つ。

そこで、この調査での無業者（九九名）の卒業時の就職活動状況を見ると、その約三分の二（六四名）は求職活動中であるか資格試験の準備をしていた。さらに、卒業二ヵ月後の状況を見ると（図表5－1）、典型雇用（正社員・公務員での就業）へ移行した者は約七％とわずかであるものの、「何もしていない」とか結婚準備中という者は少なく（合計一三％）、就職活動を続けていたり、資格試験のための準備をしたりしな

図表5－2　卒業直後就業し、後に離職した者の卒業2ヵ月後（2006年6月初め）の状況

単位：%　太字実数

	男女計	
合計	**39**	100.0
典型雇用	**11**	28.2
契約社員・嘱託・非常勤	**2**	5.1
アルバイト・パート	**7**	17.9 *1
就職活動中	**9**	23.1 *2
公務員・教員等試験準備中	**2**	5.1
進学・留学などの準備中	**2**	5.1
特に何もしていない	**4**	10.3
その他	**1**	2.6
無回答	**1**	2.6

*1：アルバイトなどに就きながら、就職活動中2、教員等試験準備中1、進学準備中2を含む。
*2：求職活動をしながら、教員等試験準備中4、進学準備中1を含む。

がら平行してアルバイトなどをしている者が多い。

一方、卒業直後は有業でも、この時点（二〇〇六年六月初め）までに離職している者もいる。これは三九名（卒業直後有業者の二・三％）とさすがに少ないが、この超早期離職者の調査時点の状況（図表5－2）をみると、三割が典型雇用での職を得ているが、求職活動中の者やアルバイトをしながら就職のための準備をしている者が多いことがわかる。

卒業時無業者もこの超早期離職者も、新卒就職に失敗した者と位置づけることが出来るが、その多くが、どちらもこの段階では、求職活動を続け、あるいは、将来に向けて資格試験等の準備をしている。「何もしていない」という者はごくわずかである。学校にも労働市場にも参加しないいわゆる「ニート」層は、大卒者では決して多くないと推察できる。

図表5-3　卒業2ヵ月後までの就業等の状況

単位：%　太字実数

	男女計		男性	女性
		100.0	100.0	100.0
	2,124		**696**	**1,428**
典型雇用定着	**1,443**	67.9	62.2	70.7
遅れて典型雇用	**18**	0.8	0.7	0.9
非典型雇用	**256**	12.1	7.6	14.2
求職中・教員等受験準備	**69**	3.2	4.3	2.7
大学院等進学	**271**	12.8	21.7	8.4
留年・その他・無回答	**67**	3.2	3.4	3.0

さて、回答者の大半（一六八九名、卒業直後有業者の九七・七%）は、卒業時点で就業し、かつ調査時点までその仕事を継続している。その調査時点の就業形態は、正社員が約八割、公務員が一割弱で、契約社員や非常勤雇用、派遣社員、アルバイトなどは一割強にとどまる。

ここまでの就業状況を全体として整理したものが、図表5-3である。ここでは、正社員と公務員をこれまでの大卒就職の形態として典型的であったという意味で「典型雇用」、契約社員や非常勤雇用、派遣社員、アルバイトなどを「非典型雇用」と名づけてまとめている。これを見ると、新卒で典型雇用に就き定着している者（＝典型雇用定着）が全対象者の六七・九%と多く、早期離職や卒業時の無業を経て遅れて典型雇用に就いた者（＝遅れて典型雇用）や、まだ求職中である者（＝休職中・教員等受験準備）、あるいは、非典型雇用で就業している者（＝非典型雇用）は、合計しても一六・一%と少ない。この他の多くは大学院等への進学者である。

図表5－4　在学中（2005年11月）の進路予定と卒業後の就業等の状況

単位：%　太字実数

		対象数	合計	典型雇用定着	遅れて典型雇用	非典型雇用	求職・教員等受験	大学院等進学	留年・その他・無回答
		2,022	100.0	68.4	0.7	12.0	3.2	12.4	3.3
正社員内定		**1,103**	100.0	**95.3**	0.2	**2.4**	0.6	0.5	0.9
公務教員内定		**82**	100.0	**96.3**	1.2	**2.4**	0.0	0.0	0.0
契約・派遣・非常勤で内定		**56**	100.0	48.2	0.0	44.6	1.8	1.8	3.6
雇用形態不明・他内定有		**39**	100.0	43.6	0.0	17.9	7.7	30.8	0.0
内定なし・就職活動中		**281**	100.0	**55.9**	1.8	**24.9**	8.2	2.8	6.4
就職活動をしていない	大学院希望	**235**	100.0	3.0	0.0	5.1	2.1	88.5	1.3
	留学・専門学等希望	**15**	100.0	0.0	13.3	33.3	13.3	33.3	6.7
	公務員・教員希望	**80**	100.0	26.3	2.5	43.8	15.0	7.5	5.0
	資格試験準備	**13**	100.0	30.8	0.0	30.8	23.1	7.7	7.7
	就職希望	**58**	100.0	**19.0**	0.0	**60.3**	6.9	3.4	10.3
	未定・迷っている	**31**	100.0	**19.4**	3.2	**51.6**	3.2	0.0	22.6
その他・不明		**29**	100.0	13.8	6.9	13.8	10.3	6.9	48.3

（2）「大学生調査」での予定進路と実際の進路

図表5－3は、「卒業後調査」における職業生活への移行状況を整理したものである。実は、本書の第一章から第三章までの分析では、四年生の一一月時点の調査である「大学生調査」から職業生活への移行状況の指標を作って用いてきた。すなわち、この在学中の時点で内定を得ている者、内定は得られないが就職活動を続けている者、進学はしないが就職活動もしていない者等を取り上げて検討してきたのだが、本来は、内定獲得ではなく実際の職業生活への移行の状況によって検討すべきである。それをしなかったのは、「卒業後調査」への回答者が「大学生調査」の一一・五％にとどまり、「卒業後調査」回答者に限ればサンプル数が少なくなるとともに就職がうまくいったものに大きく偏ることを恐れてである。

ここで「大学生調査」での内定獲得状況と「卒

業後調査」での実際の職業への移行状況との関係を明らかにしておきたい。

図表5-4には、四年生一一月時点の予定進路ごとに、実際の卒業後の就業等の状況を示した。まず、一一月時点で正社員や公務員として内定を得ている者は、九五～九六％とほとんどが「典型雇用定着」で、卒業と同時に正社員や公務員になり定着していることがわかる。内定をもらっていない者の場合、この時点で就職活動をしていた者では五六・二％が典型雇用定着者であるが、この時点で就職活動をしておらず、未定で迷っていた者や、就職希望はあるが活動をしていなかった者の場合は、典型雇用者になった者は二〇％前後と最も少なく、非典型雇用者が五～六割と多い。

「大学生調査」での内定獲得状況や進路希望の状況は、卒業後の実際の就業行動に大きく影響しており、「大学生調査」での内定獲得状況等から職業生活への移行状況を測ることは、十分意味があることだと思われる。

(3) 三年後の離職・定着予測

さて、次に今後の予定進路について取り上げたい。「卒業後調査」は二〇〇六年六月の実施であり、この時点での離職者は、先述のように(一五九頁)、卒業後就業した者のうちの二・三％と少ない。しかし、雇用保険データに基づく厚生労働省の資料によれば、新規大卒就職者の卒業三年目までの離職率は三割程度になっており[(3)]、本調査対象者にも、今後三年以内に離職する者が少なからず出でることが予測される。

図表5-5　3年後の継続・転職等の予測

単位：%　太字実数

	男性		女性	
	典型雇用定着	非典型雇用	典型雇用定着	非典型雇用
	100.0 **433**	100.0 **53**	100.0 **1,010**	100.0 **203**
現在の会社等で仕事を続けている	83.1	32.1	75.1	38.9
別の会社等に転職している	15.0	52.8	20.5	45.8
無業等から新たに仕事をしている	0.5	7.5	0.7	7.9
仕事はしていない	0.2	5.7	2.7	6.4
無回答	1.2	1.9	1.0	1.0

質問：「3年後、あなたはどうしていると思いますか」

そこで、この調査では、三年後に現在の会社で仕事を続けているか転職しているかなど、の予測を問うているので、これを用いて離転職の問題を検討してみよう[4]。図表5-5は、典型雇用定着者と非典型雇用者に分けて、三年後の就業状況についての予測結果を示した。典型雇用定着者では、現在の会社で仕事を続けるという者が男性で八三・一%、女性で七五・一%と多く、転職を予測している者は男性で一五・〇%、女性で二〇・五%と、雇用保険データから推計される離職率より低い。また、非典型雇用者では、男女とも転職を予測している者の方が多く、男性五二・八%、女性の四五・八%に達している。

また、三年後に働いている場合の就業形態は、次の図表5-6のとおりである。現在の会社等で仕事を続けていることを予測している場合、典型雇用ではそのまま正社員・公務員であることを予測している者が大半だが、非典型雇用でも、正社員・公務員になっていることを予

図表5－6　3年後、仕事をしている場合の働き方
（典型雇用定着者と非典型雇用者のみ）

単位：％　太字実数

	現在の会社等で仕事を続けている				別の会社等に転職している			
	男性		女性		男性		女性	
	典型雇用定着	非典型雇用	典型雇用定着	非典型雇用	典型雇用定着	非典型雇用	典型雇用定着	非典型雇用
3年後の働き方	100.0 **360**	100.0 **17**	100.0 **759**	100.0 **79**	100.0 **65**	100.0 **28**	100.0 **207**	100.0 **93**
正社員	85.6	47.1	88.1	43.0	66.2	64.3	62.8	61.3
公務員	8.1	41.2	7.6	13.9	18.5	17.9	10.6	8.6
契約社員•嘱託	0.0	0.0	0.0	27.8	4.6	0.0	8.7	12.9
派遣社員	0.0	5.9	0.1	1.3	0.0	7.1	4.3	3.2
パート•アルバイト	0.0	0.0	0.3	8.9	1.5	7.1	6.8	9.7
その他•無回答	6.4	5.9	3.8	5.1	9.2	3.6	6.8	4.3

質問：「そのときどのような働き方をしていると思いますか」

測している者が、男性の七割、女性の六割と多い。契約社員からの正社員登用や臨時採用の教員から本採用を期待しているという者である。また、別の会社に転職しているという場合は、現在の雇用形態による違いは小さく、男性の八割、女性の七割が正社員や公務員になることを予測している。

そうした転職、定着を予測する理由については、自由回答欄に記入がある。その内容を図表5－7、図表5－8のとおり分類した。この自由回答欄に記入しない者は二七％にとどまり、多くの対象者が自分の考えを書いていた。「今の会社で勤め続けるかどうか」については、就職から二ヶ月しかたっていなくとも、それぞれに考えているところがあるからだろう。

さて、定着を予測している者の場合、そ

図表5-7　定着を予測する理由（自由回答を整理・分類）

単位：％　太字実数

	男性		女性	
	典型雇用定着	非典型雇用	典型雇用定着	非典型雇用
	100.0 **360**	100.0 **17**	100.0 **759**	100.0 **79**
満足、希望通りの仕事、可能性がある仕事	53.6	23.5	59.0	34.2
3年は移動したくない、一定期間はいるべき	12.5	11.8	12.0	3.8
資格取得、目標達成まで	0.3	0.0	1.1	3.8
生活の必要・消極的現状維持	1.1	0.0	1.6	1.3
非正社員のままでいい・結婚してパートに	0.0	0.0	0.1	11.4
キャリアアップ・臨時採用から教員へ	0.0	29.4	0.3	27.8
無回答	32.5	35.3	26.0	17.7

質問：「そう思うのはなぜですか。理由や3年後の将来展望をお答えください」

の理由としては、現在の仕事へのやりがいや面白さ、今後の可能性への期待が多くあげられていた。特に典型雇用定着者では、男女とも全体の五～六割、無回答者を除けばその八割がこうした積極的な理由を挙げていた。これに対して、「他にいいところが見つかりそうもない」といった消極的な理由を挙げた者はごくわずかで、意識の上でも非常にスムーズに移行が進んでいることがうかがわれる。非典型雇用の場合は、積極的な理由の比率は小さくなるが、一方で、正社員・正職員採用に向けてがんばる意欲を示す者が多かった。理由としてこれだけ前向きな意見が多いことから、この定着予想者たちが実際に定着する可能性は高いのではないかと思われる。

他方、転職を予想している者の挙げる理由は、典型雇用と非典型雇用では大きく異なる（図表5-8）。典型雇用では、現在の就職先へのさまざまな不満や不信が多い。典型雇用者の場合、最も多いのは現職の労働

図表５－８　転職を予測する理由（自由回答を整理・分類）

単位：％　太字実数

	男性		女性	
	典型雇用定着	非典型雇用	典型雇用定着	非典型雇用
	100.0 **65**	100.0 **28**	100.0 **207**	100.0 **93**
現職に問題があるから	40.0	10.7	46.4	10.8
労働時間や給与などの条件面で不満	*12.3*	*3.6*	*17.9*	*5.4*
会社の将来性がない，信頼できない	*4.6*	*0.0*	*5.3*	*1.1*
仕事内容が合わない，責任が大きすぎる	*9. 2*	*7.1*	*11.6*	*2.2*
人間関係がうまくいかない，狭い	*0.0*	*0.0*	*2.4*	*0.0*
自信がもてない他，現職の問題	*13.8*	*0.0*	*9.2*	*2.2*
キャリアアップ・キャリア探索のため	24.6	42.9	25.6	37.6
就きたい仕事が他にある	*10.8*	*17.9*	*15.5*	*22.6*
キャリアアップのため・臨時採用から正職員・教員へ	*12.3*	*14.3*	*6.3*	*9.7*
自分に向いた職業がわからない・いろいろしてみたい	*1.5*	*10.7*	*3.4*	*4.3*
進学・留学のため	*0.0*	*0.0*	*0.5*	*1.1*
派遣社員など、有期限だから	3.1	25.0	1.0	18.3
結婚等で状況が変化するから	0.0	3.6	6.3	5.4
地元に戻る・転勤はいやだから	0.0	0.0	1.9	1.1
転職理由・その他	1.5	0.0	1.4	5.4
無回答	30.8	17.9	17.4	21.5

質問：「そう思うのはなぜですか。理由や３年後の将来展望をお答えください」

時間や給与などの条件面の不満であり、次いで、仕事内容やその責任の大きさ、さらに、「やっていく自信がない」など、それらが複合した表現で記されていた。転職希望者の半数弱、無回答の者を除けばおよそ六割がこうした現職への不満から転職を予想していた。残る大半は、今の勤め先の問題点より、自らのキャリアアップやそのキャリアの探索のためという理由のほうが強く出ている者である。就きたい仕事は他にあったが採用されなかったので現在の勤務先に入社したが、今後、再挑戦したいといった理由である。

これに対して、非典型雇用の場合は、現職は今後のキャリアのための通過点という位置づけの者が多いと思われ、キャリア形成のための転職予測が多い。比較的多かったのは、臨時採用の教員から本採用になるという者である。このほか、「自分に向いた仕事がわからないから、いろいろ経験したい」といった探索型も一定数いた。この他有期限雇用だから、移動せざるを得ないという者も少なくない。

なお、以下には自由回答欄の記述をいくつか抜粋して示す。そのままの記述のほうが、早期離職の背後にあるものをよりよく伝えるのではないかと思ったゆえである。

自由回答の抜粋

・入社してわかった会社の体制の悪さ。エンドレス残業、安月給、働かない上司、週休一日、もっと良い会社は他にたくさんある。（男性・工学）
・残業代が出ないこと、その他、職場環境があまり良くないこと。ある程度、仕事で必要な資格を取得すると他社から引き抜きがあるそうなので早期資格取得を目指しています。（女性・人文）
・一日一二時間労働はキツイので、もう少しゆとりのある職にしたい。（女性・家政）
・今の職場は赤字経営で、今後の事を考えると長い間勤めるには適した場所ではないため。（男性・人

文）

・現在の仕事に将来性が感じられない。自分には合っていない。営業職の難しさに希望が持てない。三年後には、工場などで、ひた向きに頑張る仕事に就いている。（男性・法学）

・今の仕事を続けるべきかどうか今はよく分からないため。もっと自分の性格、能力に合った仕事についた方が良いと思うため。今の仕事は自分にあっているとは言い難い。（男性・経営）

・希望する職種に就くことができなかったので、また自分が本当にやりたい仕事を見つけたいから（女性・人文）

これらの転職予測がどれほど現実のものになるかは、労働市場の需給状況など本人の意識以外の要因が影響を与えるものではあるが、これまで就職三年以内に三割程度が離職してきた事実をかんがみれば、かなりの確率で離職は現実のものになるのではないかと思われる。

そこで、ここでは典型雇用定着者を、定着予測をもつ者ともたない者に分離して、前者を職業への移行がスムーズに進んでいる層と捉えることにしたい。すなわち、移行がスムーズなグループとして「典型定着予測」を、移行に問題を抱えるグループとして「典型非定着予測」「非典型」「求職・受験」(5)を抽出し、この比較を通して、大卒者のキャリア・職業能力形成に対しての大学教育の課題について検討したい。以下、この四つを初期キャリア類型と呼ぶ。

図表5-9　現在の勤務先の企業規模・産業・職業と初期キャリア類型

単位：%　太字実数

		男性			女性		
		典型定着予測	典型非定着予	非典型	典型定着予測	典型非定着予	非典型
		100.0	100.0	100.0	100.0	100.0	100.0
		360	**73**	**53**	**759**	**251**	**203**
企業規模別	29人以下	2.2	8.2	20.8	9.4	16.7	26.6
	30～99人	11.9	21.9	17.0	10.8	12.4	16.7
	100～299人	15.8	19.2	17.0	14.6	18.3	5.4
	300～999人	23.1	16.4	7.5	20.3	14.3	5.4
	1000～4999人	20.6	16.4	5.7	20.9	15.9	7.4
	5000人以上	18.1	12.3	7.5	12.3	13.5	8.4
	官公庁・学校など	5.6	4.1	1.9	5.0	1.2	8.4
	わからない・無回答	2.8	1.4	22.6	6.7	7.6	21.7
産業別	製造業・建設業	26.7	19.2	11.3	15.8	11.6	4.9
	卸売り・小売り・飲食	16.4	16.4	18.9	15.9	17.5	21.2
	金融・保険業	10.8	15.1	0.0	16.2	13.5	6.9
	運輸通信、電気ガス水道	11.1	5.5	1.9	4.7	2.8	3.4
	マスコミ・コンサル・情報処理	11.7	12.3	5.7	6.7	5.2	3.0
	教育・保育	5.6	9.6	20.8	9.2	9.6	26.6
	医療・福祉・介護	5.3	4.1	5.7	15.4	18.7	10.8
	その他サービス	6.1	13.7	24.5	9.7	17.5	17.2
	公務（学校・病院・福祉を除く）	5.6	2.7	7.5	4.1	2.4	3.0
	その他・無回答	0.8	1.4	3.8	2.1	1.2	3.0
職業別	営業・販売	34.4	46.6	20.8	24.6	27.9	25.1
	事務	14.2	11.0	5.7	31.0	27.5	19.2
	事務補助・一般職	1.9	0.0	1.9	6.5	4.4	5.9
	技術職・エンジニア	25.3	21.9	5.7	7.8	4.8	2.0
	教員・保育士	4.2	5.5	22.6	8.0	7.2	18.7
	保健・医療・福祉の仕事	3.6	2.7	3.8	13.4	18.3	9.9
	その他の専門職	3.9	1.4	3.8	3.7	3.2	5.4
	サービス・製造・運輸通信の仕事	10.3	4.1	26.4	3.6	4.0	10.3
	その他・無回答	2.2	6.8	9.4	1.4	2.8	3.4

図表５－10　週平均労働時間（残業含む）
および月収（手取り、ボーナス除く）

	男性			女性		
	典型定着予測	典型非定着予測	非典型	典型定着予測	典型非定着予測	非典型
対象数（人）	350	67	49	739	245	193
平均週労働時間（時間）	45.8	49.1*	37.4***	44.5	47.1***	36.5***
対象数（人）	353	65	48	748	246	188
平均月収入（万円）	18.0	17.6	14.3***	17.0	16.4***	13.6***

＊無回答を除く。それぞれ上下５％を除いた平均値。
男女それぞれ、「典型定着予測」と他の類型との差の検定（ｔ検定）***p＜.001、**p＜.01、*p＜.05

（４）初期キャリア類型別の現職

まず、この初期キャリア類型の特徴を現職の状況からみる。以下、無業である「求職・受験」型を除く、三つの類型の現職を概観する。

図表５－９のとおり、企業規模別には、非典型雇用に比べると典型雇用者のほうが企業規模が大きい場合が多い。典型雇用のうちでは、「典型定着予測」グループのほうが「典型非定着予測」グループより企業規模は大きい。

産業別には、非典型雇用では、教育・保育や「その他サービス」、および「卸売り・小売り・飲食」が多く、典型雇用では製造業・建設業および金融・保険業が多い。典型雇用のうち定着予測は製造業・建設業に多く、一方非定着は「その他サービス」が多い。

職業別には、非典型で、教員・保育士が多く、うち男性では「サービス・製造・運輸通信の仕事」（特にこの中の製造）の仕事が多い。典型雇用では営業・販売が多いほか、男性で技術職、女性で事務が多い。これらは、一般的な傾向として

図表 5 - 11　初期キャリア類型別仕事と仕事以外の生活の自己評点（100点満点とする）

	男性				女性			
	典型定着予測	典型非定着予測	非典型	求職・受験	典型定着予測	典型非定着予測	非典型	求職・受験
仕事についての自己評価点数	64.9	*** 46.6	*** 51.6	*** 12.6	63.7	*** 53.9	61.7	*** 30.4
（対象数）	358	69	52	21	755	250	203	49
仕事以外についての自己評価点数	64.6	* 57.8	*** 53.3	*** 44.5	63.5	** 58.7	* 59.8	*** 51.3
（対象数）	357	69	52	28	755	250	203	66

注）「典型雇用定着」と他類型の差の検定（t検定）*** p ＜.001、**p＜.01、*p＜.05
質問：あなたは現在の仕事や生活の状況について、何点ぐらいだと自己評価しますか。100年満点でお答えください。

知られていることに一致する。

労働条件については、労働時間と月収の記載があるので、これについてはずれ値を除いた上で、それぞれの平均値を比較した（図表5 - 10）。非典型雇用が最も労働時間が短く、月収が低い。また、典型雇用の間で定着を予測する者としない者を比較すると、非定着のほうが労働時間が長く、月収が低い傾向がある。ただし、男性の月収差は有意ではない。三年後の転職を予測する理由に労働条件の悪さが多く挙げられていたが、具体的に記入された数字にもその傾向が表れている。こうした実際の労働時間等は、就職活動期には十分把握することができなかったのであろう。早期離職の背景には、「職業意識の希薄さ」への対策では対応できないものがある。

図表5－12　進路選択や就職活動の自己評価
（自由回答を「成功感」を軸に整理・分類）

単位：％　太字実数

	男性				女性			
	典型定着予測	典型非定着予測	非典型	求職・受験	典型定着予測	典型非定着予測	非典型	求職・受験
合計	100.0	100.0	100.0	100.0	100.0	100.0	100.0	100.0
対象数	**360**	**73**	**53**	**30**	**759**	**251**	**203**	**39**
成功	62.8	16.4	26.4	13.3	66.1	23.5	34.5	25.6
やや成功	5.8	6.8	3.8	3.3	7.5	11.6	10.8	0.0
どちらともいえない	19.4	13.7	18.9	23.3	15.5	15.9	24.1	30.8
やや失敗	1.7	4.1	3.8	3.3	1.3	2.0	2.0	0.0
失敗	7.8	52.1	43.4	50.0	8.2	45.8	25.6	41.0
無回答	2.5	6.8	3.8	6.7	1.3	1.2	3.0	2.6

質問：あなたの進路選択や就職活動は成功したと思いますか、思いませんか。そう思う理由は何ですか。具体的にお答えください。

3　本人の初期キャリア評価

（1）自己評価と初期キャリア類型

さて、「典型定着予測」型を他の三つの類型に対して移行がスムーズであると特徴付けたが、これを本人の評価から確認する。次の図表5－11は、各対象者がそれぞれの仕事や仕事以外の生活について一〇〇点法で評価した結果（平均値）を比較したものである。「典型定着予測」型は、仕事についても仕事以外についても、いずれの類型に比べても、自己評価の点数が高くなっている。ここから、「典型定着予測」型は、本人の満足感の上で最も良好な移行の類型だといえよう。

他の類型のうち、女性の非典型については、仕事の満足度は「典型定着予測」型との差は有意なものではなかった。女性の非典型の場合、「教

図表5－13　進路選択や就職活動の自己評価
（自由回答を「判断理由」を軸に整理・分類）

単位：％　太字実数

	男性				女性			
	典型定着予測	典型非定着予測	非典型	求職・受験	典型定着予測	典型非定着予測	非典型	求職・受験
合計	100.0	100.0	100.0	100.0	100.0	100.0	100.0	100.0
対象数	**360**	**73**	**53**	**30**	**759**	**251**	**203**	**39**
勤務先の労働条件、人間関係、仕事内容等への満足	47.8	53.4	13.2	6.7	53.2	45.4	34.5	12.8
就職活動の方法への満足、納得	15.0	21.9	32.1	33.3	16.3	28.3	25.6	38.5
人間としての成長、夢の実現	4.4	0.0	9.4	10.0	3.8	5.2	7.4	12.8
職種、業種、正社員などの就職目標の達成	16.4	9.6	28.3	26.7	19.1	13.1	20.2	23.1
理由なし、まだわからない、その他	13.6	8.2	13.2	16.7	6.2	6.4	9.4	10.3
無回答	2.8	6.8	3.8	6.7	1.3	1.6	3.0	2.6

質問：あなたの進路選択や就職活動は成功したと思いますか、思いませんか。そう思う理由は何ですか。具体的にお答えください。

育・福祉」、「その他のサービス」での就業が多く、仕事内容への満足が一定程度高いのではないかと思われるし、また、非典型雇用では、労働時間が相対的に短く、自分の都合に合わせた働き方が選択できている可能性があり、ここに満足度の高い理由があると推測される。

さらに、図表5－12は、自由回答の形で書かれた進路選択や就職活動の成功、不成功の自己評価を整理分類した結果である。これについても、無回答は数パーセントに過ぎず、ほとんどの回答者が記入していた。大学卒業時の進路選択について、各対象者がそれぞれに自己評価をしていたことをうかがわせる。表は自由回答欄の整理に当たって、われわれが記載内容から判断して、成功感の程度について五段階に分類して振り分けたものである。「典型定着予測」型ではひときわ成功感を持つ者が多く、この類型の移行が個人にとって良好なものであることを裏付けている。

一方、「典型非定着予測」型、「求職・受験」型、「非典型」型では失敗感を持つ者が多い。ただし、これは男性で明らかだが、女性ではこれらの類型でも成功感を持つ者も少なからずいる。特に非典型雇用の女性では、「やや成功」まで含めれば、半数近くが成功感を持っている。先の自己評点とあわせても、女性のなかには非典型雇用での就業を肯定的に捉えるものが少なくない。

さらに、自由記述には、成功・失敗の判断の理由についても多くの記述があった。どのような点を判断の根拠として挙げているかに注目して分類したのが図表5-13である。典型雇用の者に多いのは、勤務先の労働条件や人間関係、仕事内容についての満足、不満足である。「非典型」や「求職・受験」型では、就職活動そのものが納得のいくものであるかを挙げる者や就きたい職種や業種、あるいは「正社員になること」など、自分の設定した目標を達成できたかどうかを判断の根拠としている者が多い。典型雇用の職を得られれば、その内容が重要であり、得られなければそれまでのプロセスが根拠になるということだろう。

なお、いくつかの具体的記述を抜粋して次に示す。彼らの実感が伝わるのでないだろうか。

自由回答の抜粋
〔典型雇用＋成功〕
・成功した方だと思う。覚えることが多く、正直辛いと思うこともある。自分が大学時代に想像していた職場のイメージとはだいぶかけ離れてはいる。でも、その代わりにとてもやりがいがあり、毎日が充実しているように思える。何よりも一緒に働く人間に恵まれている。（女性・人文）
・成功したと思う。大学四年間で学んだことが生かせている。自分が興味あることを職業とできた。（男性・経済）
・今の就職先は第一志望ではなかったが、職場の人間関係が良好で、ある意味良かったと思う。また、ファミリーフレンドリー制度、フレックス制度があって、今後安心して働けそうだと思う。（女性・工学）
・成功した。今の会社は社員の教育に力を入れていて、外部顧問によるモチベーションアップやリーダーシップのセミナーを行ってくれている。社内の人間関係が良い。（男性・人文）
・就職活動時は、失敗ばかりで成功できなかったと感じていたが、今思うと、自分に合った会社に入社できたので成功したと思います。（男性・法学）
・一〇〇％とは言い難いですが、自分が納得できるまで就職活動はできたと思うし、様々な職種、業種をセミナーや説明会に参加して、自分でしっかり確認してから入社を決めたので、進路選択に関して今現在は後悔してません。（女性・人文）
〔典型雇用＋どちらともいえない〕
・いろいろ、考え、悩んだということができた点で成功だと思う。今の会社に入ったから成功だとか、

成功でなかったということはまだ今わからない。（女性・薬学）

・どちらとも言えない。憧れの職業に就けて成功したとも思えたが、実際、会社に入ってみないと分からないことが多い。（男性・工学）

〔典型雇用＋失敗〕

・失敗。営業で自宅に帰るのは二三時頃、休みもろくになくて、自分の時間がとれない。もっと自由のきく仕事がいい。（男性・法学）

・週一回の休みすら確保できない時がよくあるので思わない。助けてほしい。（男性・法学）

・思いません。まさにイメージだけで決定した会社でした。実際にするお仕事はＴＨＥ事務。男女の格差を感じる古い体質の会社でした。（女性・人文）

・思いません。公開されている情報だけでは調べることのできなかった部分に落とし穴がありました。しかし、勇気が出ず、ＯＧ訪問をしなかった私にも反省すべき点はあります。それと、「良い大学に行けば良い」のだと思っていた点もだめでした。高校教師や大学教師は進路についての教え方があまり上手くないように思います。〝自主的に〟が行きすぎて手放しにされているという印象を受けました。私のような人は多数いますし、これからも増えると思います。（女性・人文）

・成功したと思いません。大学で学んでいた専門とは、全然関係ない所に就職してしまったからです。しかし、このツラさを乗り切った時、成功したと思えるでしょう。そして、ヒトとして又一歩成長できると思い頑張りたいです。（男性・工学）

・成功したと思わない。なかなか就職が決まらなくて、焦っていたので初めに内定をもらったところにすぐに決めてしまったから。（女性・法学）

〔非典型〕

・正社員ではないが、その分時間にゆとりがあり自分らしく楽しく生活できているので成功しているのではないかと思う。ただその分給与面での満足度は欠けてしまっているので今後その面でも更なるステップアップをしていきたいと考えている。（女性・人文）

・進路選択は成功だったと思う。理由は、今の職が自分に適していると感じられ、仕事に喜びを見出したり、やりがいを感じることができるから。就職活動は失敗だった。理由は、進みたい方向に悩んで、就活の時期が遅れた。そのため、正職として就けなかった。（女性・教育）

（2）職業選択条件の変化

典型雇用に就いた者の場合、進路選択・就職活動の成功感は勤務先の仕事内容などの諸条件への満足感に左右されることを見た。さらに、それらの諸条件が入職前には把握されていず、「入ってみなければわからない」といった感想がもたれていた。

では、就職活動にあたって、彼らはそうした条件の重要さを理解していたのだろうか。応募先を選ぶとき重視する条件について在学中の調査と卒業後の調査で、同じことを尋ねてみた。この比較から、入職前には重視していなかったが、「入ってみて」重要性がわかった条件、場合によっては離職の引き金にもなる条件がわかる。

図表5－14には男女それぞれについて「典型定着予測」と「典型非定着予測」に分けて、在学中

図表5－14　在学時と卒業後の応募先選択で重視する条件（三つまで選択）

①典型定着予測・男性

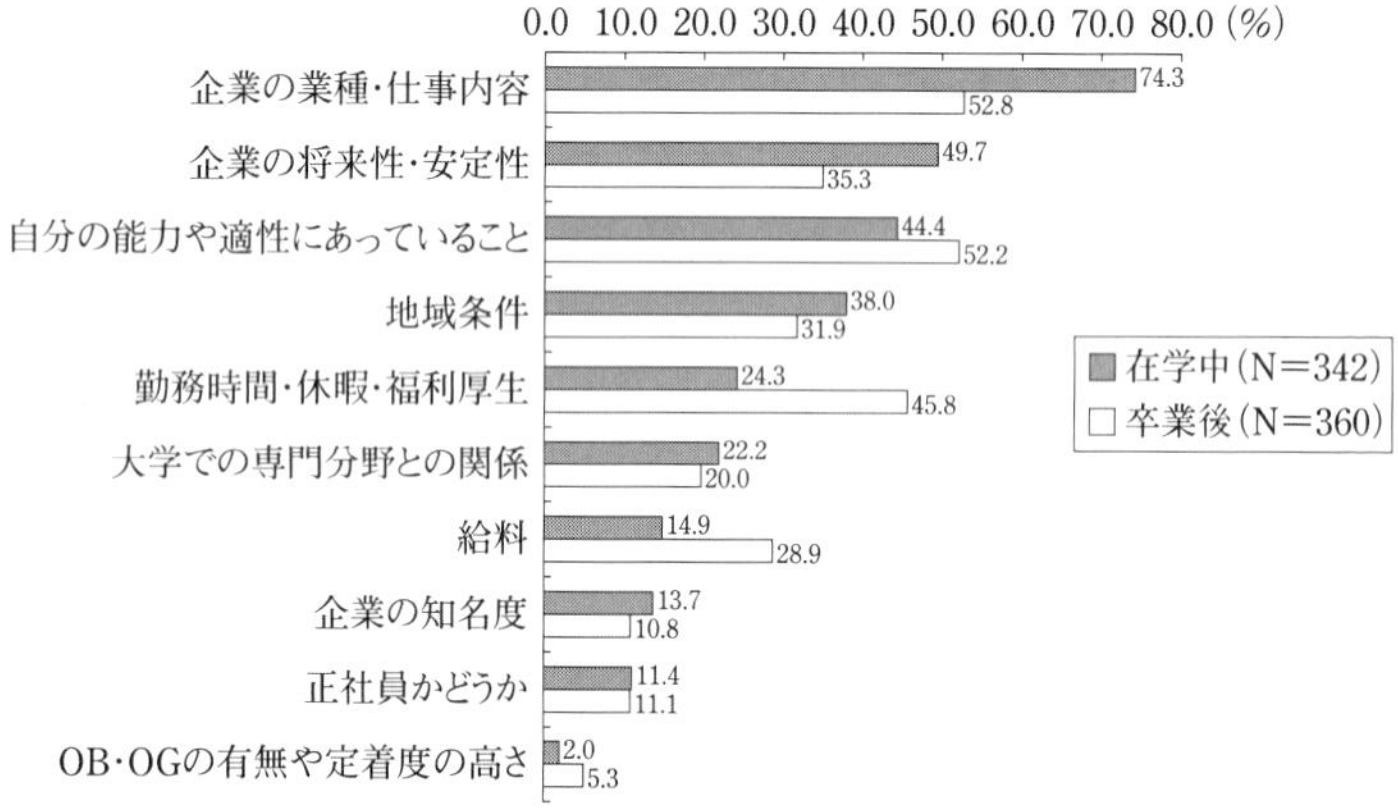

②典型非定着予測・男性

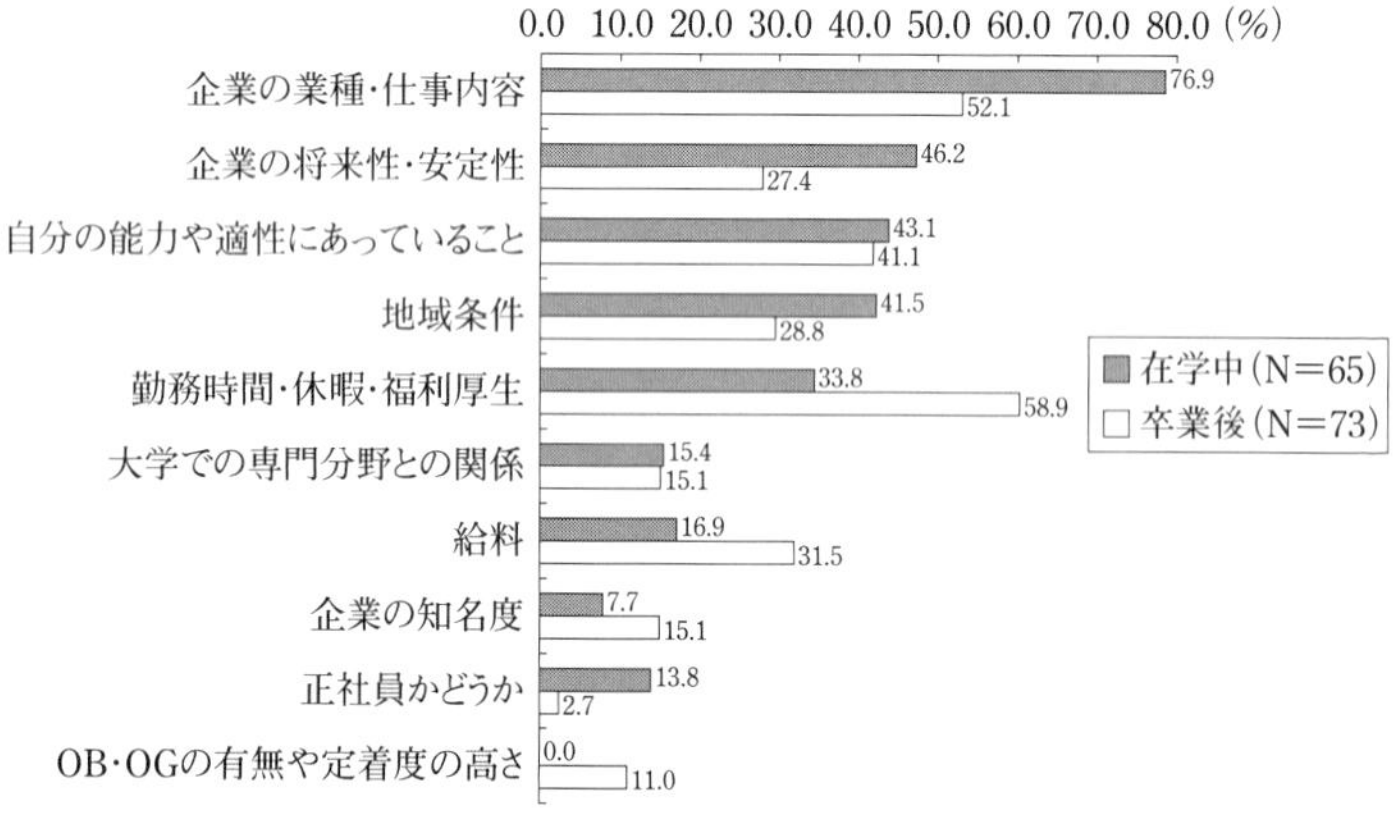

③典型定着予測・女性

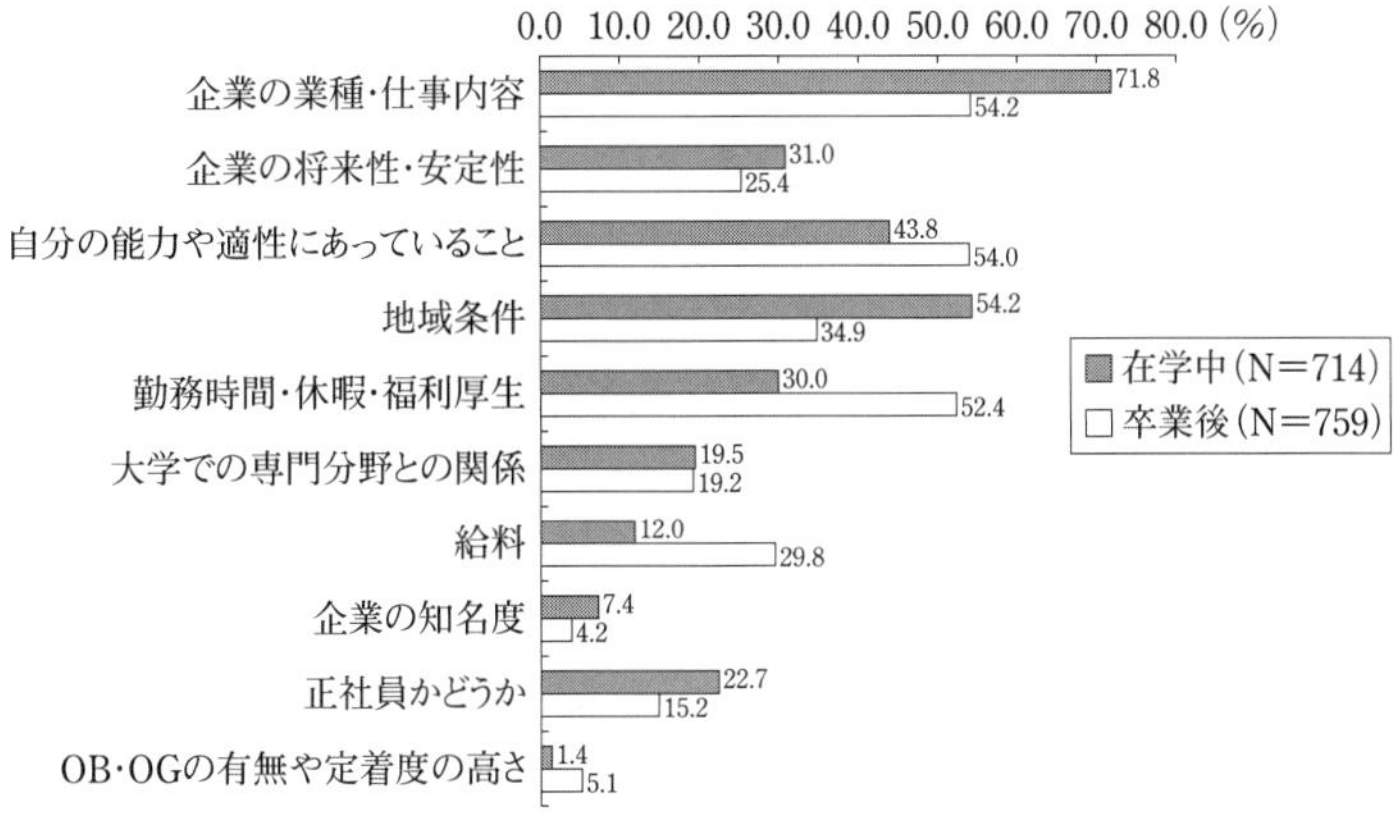
0.0 10.0 20.0 30.0 40.0 50.0 60.0 70.0 80.0 (%)
企業の業種・仕事内容
71.8
54.2
企業の将来性・安定性
31.0
25.4
自分の能力や適性にあっていること
43.8
54.0
地域条件
54.2
34.9
勤務時間・休暇・福利厚生
30.0
52.4
大学での専門分野との関係
19.5
19.2
給料
12.0
29.8
企業の知名度
7.4
4.2
正社員かどうか
22.7
15.2
OB・OGの有無や定着度の高さ
1.4
5.1
在学中(N=714)
卒業後(N=759)

④典型非定着予測・女性

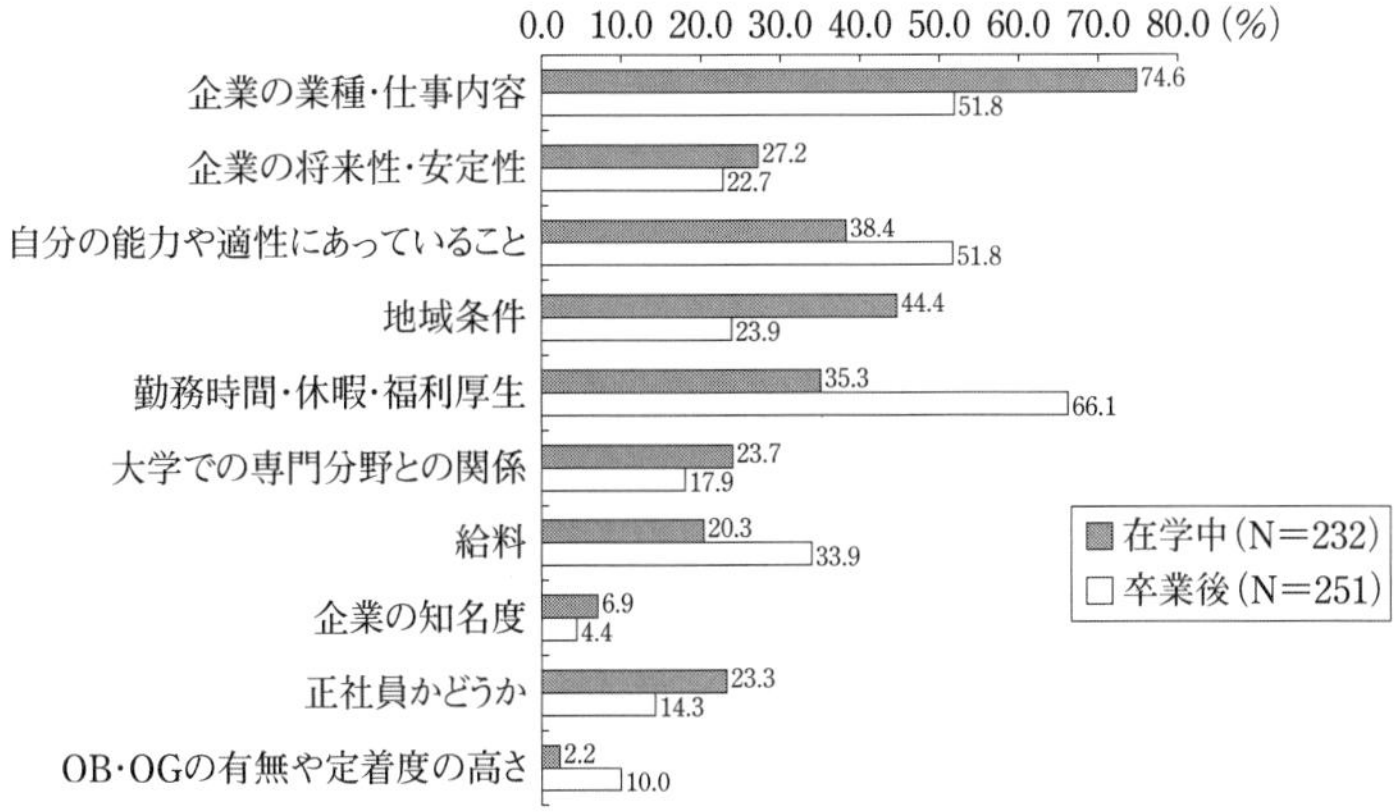
0.0 10.0 20.0 30.0 40.0 50.0 60.0 70.0 80.0 (%)
企業の業種・仕事内容
74.6
51.8
企業の将来性・安定性
27.2
22.7
自分の能力や適性にあっていること
38.4
51.8
地域条件
44.4
23.9
勤務時間・休暇・福利厚生
35.3
66.1
大学での専門分野との関係
23.7
17.9
給料
20.3
33.9
企業の知名度
6.9
4.4
正社員かどうか
23.3
14.3
OB・OGの有無や定着度の高さ
2.2
10.0
在学中(N=232)
卒業後(N=251)

と卒業後の重視条件を見た。在学中に重視する者が多いのは、第一は共通して「企業の業種・仕事内容」であり、第二は男女で異なり、男性は「企業の将来性・安定性」であり、女性は「地域条件」である。これは定着を予測する者もしない者も変わらない。

これが卒業後には変わっていた。どの類型でも、この一位、二位が大幅に低下している。増えたのが「勤務時間・休暇・福利厚生」「給料」で、「非定着」型では、「勤務時間・休暇・福利厚生」が最も多くの者が重視する条件になっている。このほか、「自分の能力や適性にあっていること」を重視する者も増えた。

三年後の定着予測の質問の際も、また、就職活動の成功感の判断でも、労働条件、とりわけ労働時間については、よく言及されていた。あるいは、「仕事があっている・あっていない」という表現もよくされていた。この結果とよく整合している。

これが、入職前には把握されていず、入職後にその重要性が認識される条件である。すなわち、学生にとっては応募時にもっと情報収集すべきだった項目だろう。

仕事の要求する能力・適性についての情報は企業側も適切な採用のために発信が必要な情報だと思われるが、その情報が文書等では伝わりにくい性質を持つからなのか、あるいは、学生の理解できる枠組みで発信されていないか、そもそも伝えるべき情報として意識されていないのか、いくつかの要因が考えられるが、第四章で検討したように、企業の要請する能力を行動レベルで表現し学生や大学教育サイドの共通理解を図ることは、採用ばかりでなく定着に向けても必要な企業努力ではないかと思われる。

また、労働時間については基本的な労働条件であり、それが「入ってみなければわからない」項目でよいはずがない。基本的な情報は企業も当然発していると思われるが、学生側もその重要性を認識して、求職活動時にその実態を知る努力が必要だろう。若手正社員の長時間労働が問題化する中で、そのひとつの解決は、長時間労働が恒常化した職場を最初から避ける選択である。仕事内容と同じくらい労働時間についても重視した職業選択が必要なのではないかと思われる。

4　初期キャリアと大学教育・キャリア形成支援

さて、典型雇用と非典型雇用との差異、典型雇用の中で三年後の定着を予測しているか否かの差異によって、初期キャリアを分けてその特徴を見てきたが、こうしたキャリアの分岐に大学における教育・キャリア形成支援はどのような影響を及ぼしているのだろうか。大学特性（専門性、選抜性、大学所在地）、キャリア形成支援の施策（インターンシップ、キャリア教育科目、就職部／キャリアセンターの相談機能、教員への相談）と就職斡旋、さらに、学生の在学中の行動（授業への出席状況、成績、サークル等の課外活動、ダブルスクールなどへの熱心度）との関係を検討する。

図表5－15　卒業学部系統と初期キャリア類型

単位：％　太字実数

	合計		典型定着予測	典型非定着予測	非典型	求職・受験
男性計	100.0	**516**	69.8	14.1	10.3	5.8
人文科学系	100.0	**62**	64.5	12.9	14.5	8.1
社会科学系	100.0	**236**	62.3	18.6	10.6	8.5
工学	100.0	**131**	84.0	11.5	3.8	0.8
理・農・薬学	100.0	**37**	81.1	5.4	8.1	5.4
教育	100.0	**27**	55.6	11.1	29.6	3.7
その他*	100.0	**23**	78.3	4.3	13.0	4.3
女性計	100.0	**1252**	60.6	20.0	16.2	3.1
人文科学系	100.0	**401**	56.4	23.4	17.0	3.2
社会科学系	100.0	**311**	68.5	18.3	8.7	4.5
工学	100.0	**50**	80.0	16.0	4.0	0.0
理・農・薬学	100.0	**103**	73.8	14.6	8.7	2.9
教育	100.0	**99**	44.4	13.1	39.4	3.0
家政・生活科学	100.0	**140**	56.4	22.9	20.0	0.7
芸術	100.0	**41**	34.1	26.8	34.1	4.9
社会福祉	100.0	**93**	59.1	21.5	17.2	2.2
その他	100.0	**14**	85.7	7.1	0.0	7.1

注）* 男性の家政・生活科学、芸術、社会福祉は対象者が少ないのでその他にまとめた。

（1）大学特性との関連

まず、卒業校の特性として、学部系統[6]と選抜性による類型、大学所在地の三つを取り上げ、キャリア類型の分布との関連を検討する。

学部系統別には、工学部、およびその他の理科系学部に「典型定着予測」が多い（図表5－15）。工学部卒業者の進路としてはこの表では省いている大学院進学が多いが、学部卒で就職した場合も最もスムーズな移行を展開しているといえる。非典型雇用は、教育や芸術専攻に多い。これらの点は、先行研究で指摘されているところと一致する。

大学の選抜性との関連について

図表5-16　卒業校の選抜性と初期キャリア類型

単位：%　太字実数

	合計		典型定着予測	典型非定着予測	非典型	求職・受験
男性計	100.0	**516**	69.8	14.1	10.3	5.8
私立A	100.0	**51**	70.6	9.8	7.8	11.8
私立B	100.0	**209**	72.2	13.4	8.6	5.7
私立C	100.0	**122**	64.8	18.0	13.1	4.1
国立	100.0	**96**	68.8	13.5	13.5	4.2
公立	100.0	**38**	73.7	13.2	5.3	7.9
女性計	100.0	**1252**	60.6	20.0	16.2	3.1
私立A	100.0	**149**	65.1	20.8	10.1	4.0
私立B	100.0	**626**	61.7	21.2	14.9	2.2
私立C	100.0	**157**	51.6	21.7	23.6	3.2
国立	100.0	**209**	58.9	15.3	21.1	4.8
公立	100.0	**111**	64.9	18.9	12.6	3.6

は、設置者と入学偏差値ランクにより図表5-16に示した。私立大学にかぎれば選抜性の低い大学で「非典型」「典型非定着予測」の比率が高い傾向があり、これも先行研究で指摘されてきたところと一致する。ただし、卒業後調査の回答者は大学生調査の一〇数%にとどまるため、大学の設置者・選抜性別と学部系統との間に大きな偏りが出てしまった。すなわち、家政・生活科学のほとんどが私立Bであったり、教育系のほとんどが国立であったりする結果になったため、この表には選抜性による違いばかりでなく、学部系統による違いも強く絡んでしまっているのではないかと思われる。

そこで、次に比較的サンプル数の多い社会科学系の学部卒業者のみに絞ってみたのが、図表5-17である。男性の公立や私立Aはサンプル数がかなり少なくなってしまったという問題があるものの

図表5－17　卒業校の選抜性と初期キャリア類型（社会科学系）

単位：％　太字実数

	合計		典型定着予測	典型非定着予測	非典型	求職・受験
男性計	100.0	**236**	62.3	18.6	10.6	8.5
私立A	100.0	**29**	65.5	10.3	3.4	20.7
私立B	100.0	**84**	58.3	21.4	11.9	8.3
私立C	100.0	**70**	55.7	21.4	17.1	5.7
国立	100.0	**33**	78.8	15.2	3.0	3.0
公立	100.0	**20**	70.0	15.0	5.0	10.0
女性計	100.0	**311**	68.5	18.3	8.7	4.5
私立A	100.0	**60**	65.0	25.0	5.0	5.0
私立B	100.0	**106**	67.9	17.0	11.3	3.8
私立C	100.0	**53**	66.0	11.3	17.0	5.7
国立	100.0	**59**	72.9	18.6	3.4	5.1
公立	100.0	**33**	72.7	21.2	3.0	3.0

の、スムーズな移行である「典型定着予測」に注目すると、男女とも国立・公立でその比率が高く、私立の男性では高偏差値大学のほうがより高いという結果になった。しかし、女性の私立Aは私立Bより低く、逆転している。

より詳しく検討すると、非典型雇用は、男女ともに、選抜性の低い大学に多い傾向は確かなようである。早期離職につながる可能性の高い「典型非定着予測」型は、男性では私立Aや国公立で少ないが、女性では、私立Aや公立で多い。失業者・無業者である「求職・受験」は、特に男性の私立Aで多い。

こうしてみると、一律に出身大学の選抜性が高いことがよりスムーズな移行につながるとは言い切れない。男性の私立Aの「求職・受験」の内訳は、三分の二は公務員試験などの受験準備中の者だったが、こうした進路希望の違い、採用の仕組

図表5－18　大学のキャリア支援について「利用しなかった」者の比率

単位：％　太字実数

	男性				女性			
	典型定着予測	典型非定着予測	非典型	求職・受験	典型定着予測	典型非定着予測	非典型	求職・受験
	100.0	100.0	100.0	100.0	100.0	100.0	100.0	100.0
対象数	**360**	**73**	**53**	**30**	**759**	**251**	**203**	**39**
インターンシップ	75.0	76.7	81.1	80.0	77.3	80.9	77.8	87.2
キャリア教育科目・セミナー	38.1	34.2	50.9	33.3	28.2	29.9	40.4	43.6
就職部/キャリアセンターへの相談	29.2	31.5	37.7	33.3	24.5	20.7	39.9	43.6
大学の先生への相談	37.8	41.1	47.2	36.7	39.3	41.0	42.9	43.6

質問：「あなたの大学での次のような経験は、進路選択に関して役に立ちましたか」。選択肢は、
「役に立った」「役に立たなかった」「利用しなかった」

みの違いなどが影響するため、選抜性と移行のスムーズさの関係は単純には捉えられないということだろう。

（2）キャリア形成支援サービスとの関連

次に大学の行なうキャリア形成支援の諸施策が初期キャリアに及ぼす影響について検討する。ここではまず、「インターンシップ」、「キャリア教育科目や大学のセミナーの受講」「就職部（課）／キャリアセンターへの相談」「大学の先生への相談」の四つの項目について、利用の有無と役に立ったか否かを複合した質問で尋ねた。

図表5－18で「利用しなかった」比率を見ると、インターンシップが利用しなかった者が最も多い。インターンシップは近年急速に認知が進んでいるが、経験者は現在のところ二割前後にとどまっているということである。キャリア類型との関係ははっきり

図表５－19　大学のキャリア支援について「役立った」者の比率

単位：％　太字実数

	男性				女性			
	典型定着予測	典型非定着予測	非典型	求職・受験	典型定着予測	典型非定着予測	非典型	求職・受験
	100.0	100.0	100.0	100.0	100.0	100.0	100.0	100.0
対象数	**360**	**73**	**53**	**30**	**759**	**251**	**203**	**39**
インターンシップ	18.6	9.6	9.4	13.3	18.1	13.9	16.3	10.3
	77.0	*53.8*	*62.5*	*66.7*	*82.5*	*74.5*	*78.6*	*80.0*
キャリア教育科目・セミナー	39.4	32.9	22.6	43.3	50.1	45.8	34.5	30.8
	64.8	*54.5*	*48.0*	*65.0*	*70.4*	*66.1*	*58.3*	*54.5*
就職部/キャリアセンターへの相談	51.9	43.8	32.1	43.3	62.2	57.0	39.4	35.9
	74.5	*69.6*	*54.8*	*65.0*	*82.8*	*72.6*	*66.1*	*63.6*
大学の先生への相談	46.4	39.7	41.5	36.7	50.9	42.6	43.8	33.3
	75.6	*74.4*	*84.6*	*57.9*	*84.5*	*72.8*	*76.7*	*59.1*

注）上段は対象者に占める「役に立った」者の比率。下段（斜体）は、{役に立った／（役に立った＋役に立たなかった）}×100

質問：「あなたの大学での次のような経験は、進路選択に関して役に立ちましたか。」選択肢は、「役に立った」「役に立たなかった」「利用しなかった」

したものではないが、男性では典型雇用で働いている者のほうが非典型や求職者よりこの数字は低く、インターンシップ経験者が多いのではないかと思われる。他の三つの項目は、「利用しなかった」は半数かそれ以下で、比較的多くの学生がキャリア教育科目の受講や就職部・教員への相談を経験している。キャリア類型別には、「非典型」男女と「求職・受験」の女性で数値が高く、これらの経験がない者が多い。

では、これらの経験を「役に立った」と評価する者はどのくらいいるのか。図表５－19には、それぞれの項目について、「役に立った」者の対象者全体に対する比率と、各サー

図表5－20　現職の入職経路

単位：％　太字実数

	男性			女性		
	典型定着予測	典型非定着予	非典型	典型定着予測	典型非定着予	非典型
	100.0	100.0	100.0	100.0	100.0	100.0
	360	**73**	**53**	**759**	**251**	**203**
就職支援ウェブサイト・就職情報誌を見て応募	56.9	53.4	17.0	46.9	49.0	21.7
大学就職部／キャリアセンター等で紹介	17.2	17.8	13.2	21.9	21.5	10.3
大学教員から紹介	4.4	2.7	3.8	2.1	2.8	5.4
電話等で自分から企業に求人の有無を聞いた	4.4	2.7	13.2	4.5	3.6	8.4
公的就職支援機関で紹介	2.8	4.1	7.5	5.1	6.4	3.9
教員・公務員試験を受けた	2.5	2.7	5.7	3.4	0.4	8.4
個人的なつてを利用	2.2	0.0	15.1	3.7	4.8	10.8
在学中の仕事(アルバイト等）で関係を作った	1.9	0.0	9.4	2.1	1.2	12.8
民間職業紹介機関・人材派遣会社で紹介	1.7	4.1	1.9	0.3	0.8	4.4
新聞・ちらし・貼り紙	0.3	1.4	3.8	1.1	1.6	7.4
その他・無回答	5.6	11.0	9.4	9.0	8.0	6.4

ビス経験者（「役に立った」＋「役に立たなかった」）に対する比率（斜体）を載せた。

インターンシップは経験者は少ないが、経験した者の中では、役に立ったと評価する者は多い。キャリア類型別には、「典型定着予測」で男女とも評価が高いが、「典型非定着」では最も低い。

さて、キャリア教育科目や大学のセミナーは受講者の中で「役立った」とする者が、比較的少ない。これはどのキャリア類型でも低い。第四章の検討でも、キャリア教育科目についてはその効果が十分把握できなかったが、卒業者からも評価が厳しい。今後、その内容について十分

図表5－21　入職経路別現職の内定時期

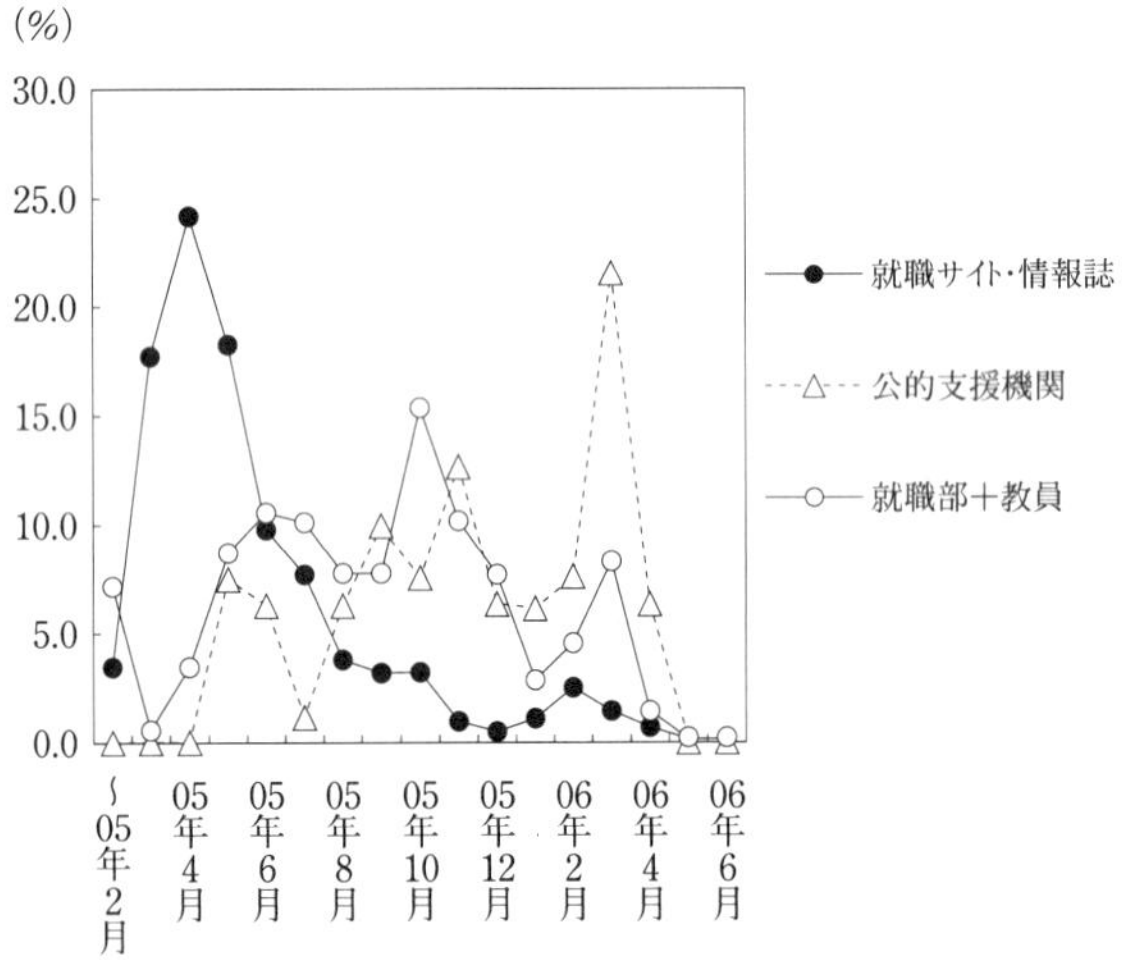

吟味していく必要があると思われる。

相談については、第二章で大学在学生をもとに検討したが、卒業後調査結果からもその有効性が支持されているようである。その中で、「非典型」男性、「求職・受験」男女での「役に立った」があまり多くない。移行がスムーズでないキャリアをたどっているだけに評価が低いのか、あるいは、こうした相談が最も必要だと思われる層で、大学の職員・教員の相談機能が有効に働いていないのかわからないところだが、この機能のさらなる充実が必要だろう。

さて、大学の就業支援サービスには、就職斡旋も当然含まれている。ここでは、現職への入職経路の中に占める大学紹介の比率を見てみよう。図表5－20で見るとおり、典型雇用への経路は、就職支援のウェブサ

図表5－22　大学の選抜性と就職経路

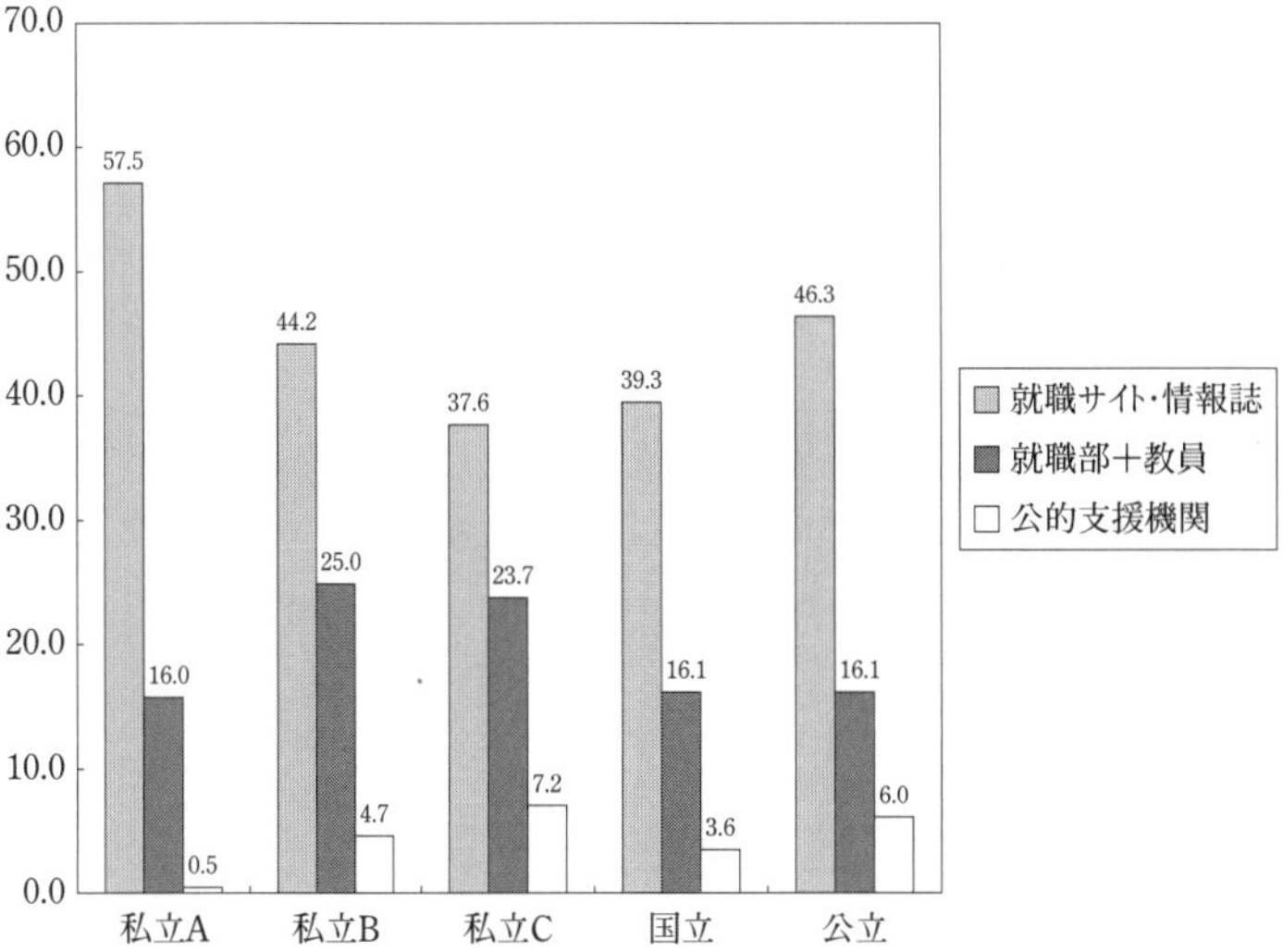

イト・情報誌が最も多い。第一章で見たとおり、大卒就職の標準的なプロセスは、ウェブサイトへの登録から始まるため、ほとんどの者がここから採用情報を入手している。これに次ぐのが大学就職部／キャリアセンター（以下、大学就職部）からの紹介である。これに対して公的機関による斡旋は少ない。

この経路とキャリア類型の関係をみると、典型雇用と非典型雇用での違いは大きいが、典型雇用の中での定着の予測とはほとんど関係していない。この点は先行研究とは異なる結果である。

また、表は省くが、学部系統による経路の違いは小さい。少し前までは理科系学部の場合は、教員や研究室経由の情報に基づく就職が多かったと指摘されているが（日

図表5－23　キャリア類型別内定時期

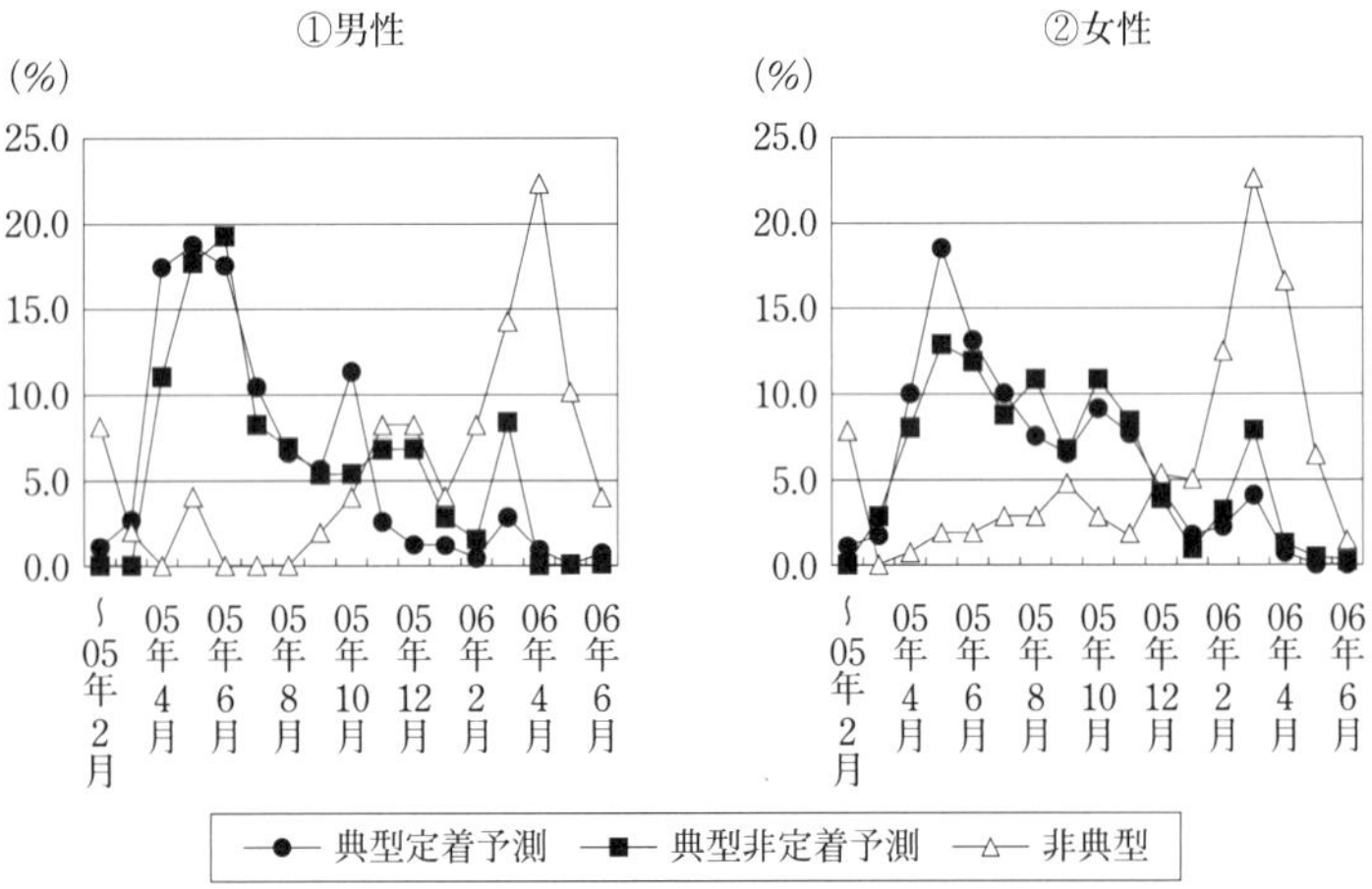

本労働研究機構、2005）、本調査結果では、工学部でもウェブサイト経由の情報によることが多く、大学就職部および大学教員を合わせても二五％程度にとどまっており、技術系採用でも中心は大学を経由しない採用になってきている。

しかし、ウェブサイト等の経路とは異なる役割を大学の就職部等は果たしている。現職内定時期と、入職経路の関係を見ると（図表5－21）、ウェブサイト等の情報による内定が、〇五年四月をピークにした非常に早いものになっているのに対して、大学就職部経由の内定は、一〇月をピークとしながらもなだらかにつながっており、卒業直前の三月にも小さな山がある。さらに、公的機関は卒業直前に利用されることが多く、それぞれの役割があると思われる。

図表５－24　典型雇用者の定着予測と在学中の内定先評価

単位：％　太字実数

		合計		はじめから行きたいと思っていた	途中から行きたいと思うようになった	まだ行くことを迷っている	無回答
男性	典型定着予測	100.0	**320**	43.8	52.5	2.8	0.9
	典型非定着予測	100.0	**55**	21.8	60.0	18.2	0.0
女性	典型定着予測	100.0	**616**	38.5	53.4	5.2	2.9
	典型非定着予息	100.0	**191**	30.4	52.9	13.6	3.1

質問：「４月から就職する内定先は、あなたが行きたいと思っていた企業ですか。」

図表５－25　典型雇用者の定着予測と在学中の内定先勤続希望

単位：％　太字実数

		合計		1年未満	2～3年	5年くらい	10年以上	定年まで勤めたい	わからない	無回答
男性	典型定着予測	100.0	**320**	0.3	1.3	9.1	18.8	51.9	17.8	0.9
	典型非定着予測	100.0	**55**	3.6	14.5	21.8	12.7	25.5	21.8	0.0
女性	典型定着予測	100.0	**616**	0.2	8.3	22.2	24.0	19.0	23.4	2.9
	典型非定着予測	100.0	**191**	1.6	29.3	25.1	9.4	7.3	24.1	3.1

質問：「４月から就職する内定先にあなたは何年ぐらい勤め続けようと思っていますか。」

さらに、大学の選抜性のレベル別にこの経路を見れば（図表５－22）、私立Ｂ、私立Ｃでは大学の斡旋によって就職している者の比率は高い。第一章で見た、時期の違いと合わせて私立Ａとは異なるスケジュール、異なる経路で就職活動が展開されていることがうかがわれる。

なお、キャリア類型と内定時期の関係を見ると（図表５－23）、非典型雇用の決定は三月が多いが、典型雇用では、定着予測者と非定着予測者との間では、それほど大きな違いはない。非定着のほうが男性では、一一月、一二月、および三月、女性では三月に小さな山があり、ぎりぎりになってから内定を取った場合に離職傾向が高い可能性がある。内定月ごとに典型雇用者に占める非定着予測者の比率を見ると、男性では一〇月以前内定者では一〇－二〇％程度だったものが、一一月以降内定者では三〇％以上と高くなっていた。ただし、女性でははっきりした傾向はない。

また、四年生一一月時点の調査（大学生調査）においては、その時点での内定獲得者に、内定先への就職希望の程度や勤続の意向を尋ねているが（図表5－24、5－25）、定着予測者と非定着予測者ではこの段階から違いがある。この違いは特に男性において大きく、非定着予測者のほうが「まだ行くことを迷っている」者が多く、また、「定年まで勤めたい」という者が少ない。

一一月段階での内定先が現職になっているとは限らないが、違うケースはそう多くないだろう。先に見たように、離職を予測している場合の理由は、労働時間等の現職の問題を挙げる者が多いが、一方で、入職前から迷いがあったり、長期勤続を予定していない傾向もある。職業への移行は青年期の難しい課題であり、とりわけ「新卒」の意味が大きい日本社会では難しい。学生側の迷いを支える「相談」などの支援は、早期離職問題に対して一定の効果が期待できる。

（3）学生生活の諸側面との関係

次に、各対象者の回答を「大学生調査」結果と接続して、同調査での学業など学生生活の諸側面

図表5-26　大学在学中の出席状況・成績

	典型定着予測		典型非定着予測		非典型		求職・受験	
	平均値	標準偏差	平均値	標準偏差	平均値	標準偏差	平均値	標準偏差
	男性（N＝341）		男性（N＝68）		男性（N＝48）		男性（N＝27）	
3年生前期履修率*1	8.4	2.3	7.6*	2.5	8.5	1.8	7.9	2.0
4年生前期履修率*2	7.5	3.3	6.8+	3.6	7.7	3.0	7.3	3.0
優（A）の取得率*3	5.2	2.2	4.6**	2.1	4.7	2.1	5.8	2.2
	女性（N＝711）		女性（N＝235）		女性（N＝185）		女性（N＝33）	
3年生前期履修率*1	9.0	1.7	8.9	1.7	9.1	1.4	8.3	2.8
4年生前期履修率*2	8.2	3.0	7.9	3.1	8.8**	2.4	7.8	3.2
優（A）の取得率*3	6.5	2.0	6.4	2.0	6.4	2.1	5.9	2.4

注）「典型雇用定着」と他類型の差の検定（t検定）*** p＜.001、**p＜、01*p＜.05、＋p＜.1
*1　3年生前期履修率：3年生の前期に8割以上出席した授業割合
*2　4年生前期履修率：4年生の前期に8割以上出席した授業割合
*3　優（A）の取得率：これまでの大学の成績の中で優（A）の数は取得した単位の何割くらいを占めましたか。

への回答と初期キャリアの関係を検討する。

まず、大学の授業への出席状況および成績によって初期キャリアが異なるかを見る。図表5-26には出席状況、優の比率についてそれぞれ平均値を求め、「典型定着予測」と他のキャリアの間で有意な差があるかどうかを検討した。この中で、明らかに差があるのは、男性の「典型非定着予測」との間である。すなわち、非定着予測型の場合、出席率も成績も悪い傾向がある。女性では有意差はないが、傾向としては非定着予測型のほうが平均値は低い。大学での業績と定着傾向に一定の関係があるのではないかと推測される。

他で有意差があるのは、女性の場合の非典型との間であるが、これは「非典型」のほうが四年生前期履修率が高いというものである。女性の非典型では、三年生前期と比べて四年生前期

図表5－27　大学在学中の生活の諸側面への熱心度

	典型定着予測		典型非定着予測		非典型		求職・受験	
	平均値	標準偏差	平均値	標準偏差	平均値	標準偏差	平均値	標準偏差
	男性（N＝343）		男性（N＝66）		男性（N＝50）		男性（N＝28）	
大学での授業	2.9	0.8	2.6*	0.8	3.0	0.8	2.8	0.6
クラブやサークルでの活動	2.5	1.2	2.3	1.3	2.6	1.2	2.5	1.2
友達や恋人との付き合い	3.2	0.8	3.3	0.7	3.0*	0.9	2.9*	0.8
アルバイト	2.8	1.0	3.1*	0.9	3.0	1.0	3.0	1.0
ダブルスクール・資格取得	1.9	1.0	1.9	1.0	1.9	0.9	2.3*	1.0
インターンシップ	1.5	0.9	1.4	0.8	1.4	0.8	1.6	0.9
	女性（N＝715）		女性（N＝234）		女性（N＝188）		女性（N＝33）	
大学での授業	3.1	0.7	3.0	0.7	3.0+	0.7	2.7**	0.8
クラブやサークルでの活動	2.4	1.1	2.3	1.2	2.4	1.2	1.9*	1.1
友達や恋人との付き合い	3.3	0.6	3.3	0.7	3.2**	0.8	2.8	0.6
アルバイト	3.0	0.9	3.1	0.8	3.0	0.8	2.8	1.0
ダブルスクール・資格取得	2.2	1.0	2.3+	1.0	2.1	1.0	2.2	1.1
インターンシップ	1.6	1.0	1.5	0.9	1.5	1.0	1.2**	0.6

注）「典型雇用定着」と他類型の差の検定（t検定）*** $p<.001$, ** $p<.01$ * $p<.05$, ＋ $p<.1$

質問：「あなたは大学生活の間に、次のことをどのくらい熱心に行いましたか」。とても熱心だった＝4、まあ熱心だった＝3、それほど熱心でなかった＝2、まったく熱心でなかった＝1としたときの平均値。無回答は除く。

の履修率の低下幅が少ない。すなわち、この期間就職活動で大学の授業に欠席するといったことがあまりなかったことを示すものだろう。就職活動をしなかったから履修率が高いのか、授業に出ていたために正社員の内定が取れなかったのか、因果はわからないが、少なくとも女性の場合、大学時代に授業にまじめに出なかったとか、良い成績が取れなかった結果としてアルバイトや契約社員になったのではないということはいえよう。

次に、学業以外の諸生活を含む学生生活への関与度（熱心さ）との関係を見る。図表５－31の各項目にどれほど熱心であったか、四段階に設定した選択肢での回答を数値化し、その平均値をキャリアごとに求めて比較した。「典型定着予測」に対して、有意な差があったのは、まず、男性では「典型非定着予測」のほうが授業に熱心ではなくアルバイトには熱心だという相対的な特徴があった。「非典型」は友達や恋人との付き合いに熱心ではなく、「求職・受験」はやはり友達等との付き合いに熱心ではなく、ダブルスクールや資格取得に熱心であるという違いがあった。

女性では、やはり「典型定着予測」を基準とすると、「非典型」のほうが友達等との付き合いに熱心ではない、「求職・受験」のほうが大学の授業にもサークル活動にも、インターンシップにも熱心でないという傾向が見られた。

第四章では友達等との付き合いに熱心であることが内定獲得者の特徴のひとつであることを指摘したが、これは卒業後のキャリアから見ても当てはまることであった。また、典型雇用を得ていても早期離職の可能性が高い層では、大学での学業には熱心でない傾向が強いという点も重要だろう。女性は全般に男性より成績も授業出席率も良く、授業への熱心さも強いので、大きな差になっていないが、男性では定着と非定着を分ける一つの要因となっている。熱心に取り組む態度なのか、学業で獲得した知識なのか、その背景は明らかではないが、大学教育へのコミットメントが勤続に影響を及ぼすという発見は重要だろう。

5　初期キャリアと職業能力

職業能力形成は、質問紙調査では非常に捉えにくい事柄だが、第四章で取り上げたコンピテンシー的な表現による典型的な能力を、図表5‐28の注に示すような表現で五つととらえることとした。質問は、それぞれについて、現在の勤務先でどの程度必要か、自分のその能力にはどの程度自信があるかを、四段階の選択肢で回答してもらい、ここではその結果を数値化して平均値で示している。

現在の勤務先での必要度については、どの類型でも最も必要だと思われているのは「主体性」である。比較的低いのが「柔軟性」と「発信力」であった。

また、男性では、非典型雇用の場合に全般に低い傾向がある。特に情報発信力、ストレスコントロール力の差が大きい。それだけ典型雇用の職場でそうした能力を求められているのであろう。女性の場合は、それほど大きな違いはない。女性の非典型雇用のほうが多様な職場があり、典型雇用との差が小さいということだろうか。

一方、現在の自分の諸能力についての認識を見ると、やはり男性のほうがキャリア類型による差が大きい。「典型非定着予測」ではどの項目についても「典型定着予測」より数値が低い。とりわけ、ストレスコントロール力の差が大きい。「典型非定着予測」型では、職場にさまざまな不満や不信感を持つ者が多かったが、それを自分のストレスコントロール力の低さだとも感じているとい

図表5－28　現在の勤務先で必要な能力と自己の能力への評価（自信度）

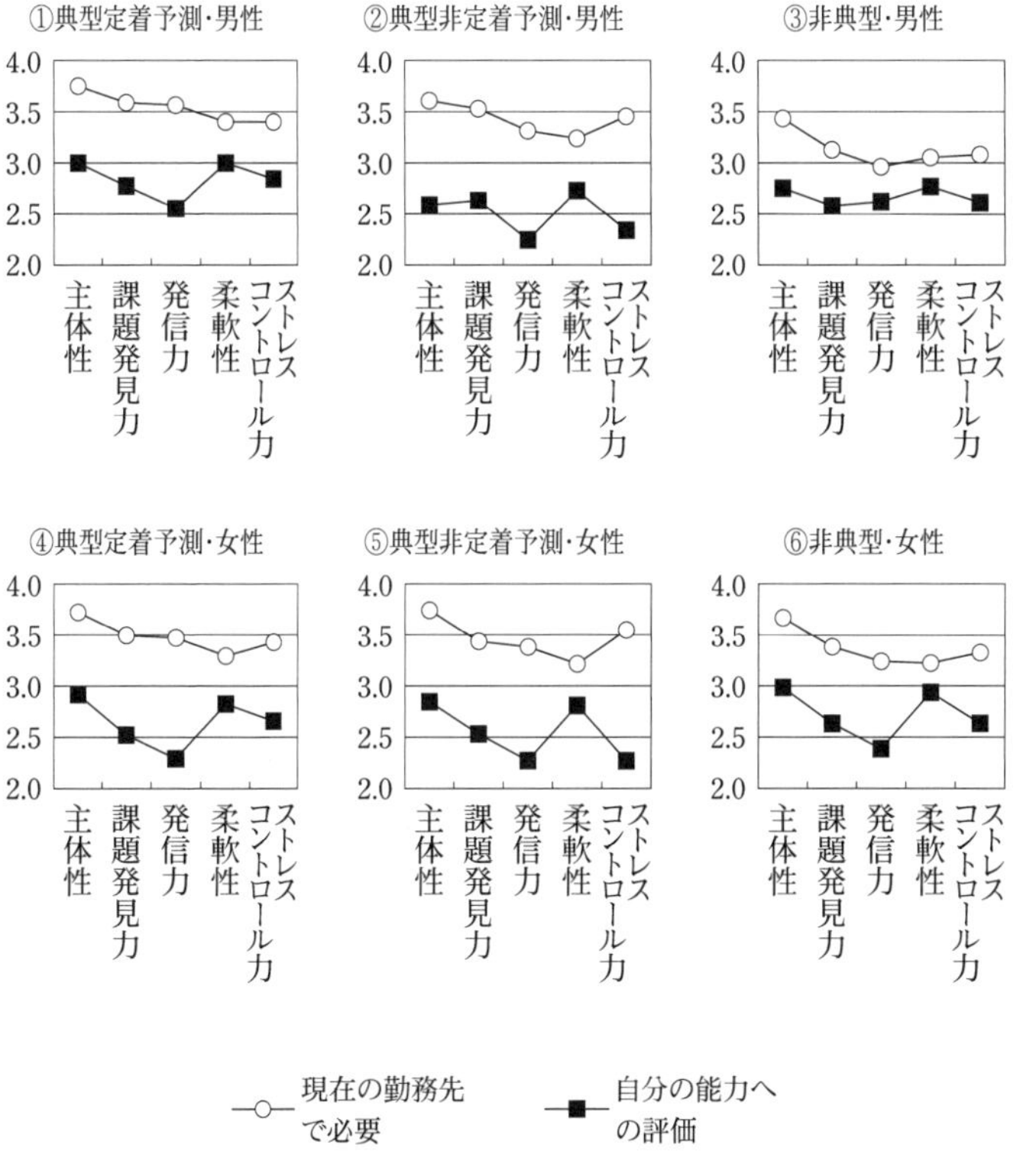

注）「現在の勤務先で必要」については、「必要とされている」＝4点、「やや必要とされている」＝3点、「あまり必要とされていない」＝2点、「必要とされていない」＝1点、「自分の能力への評価」については、「自信がある」＝4点、「やや自信がある」＝3点、「あまり自信がない」＝2点、「自信がない」＝1点としたときの、それぞれの相加平均。

質問：「今の勤務先でどのような能力が必要とされていると思いますか。また、あなたは自分の能力をどう評価していますか。以下のＡ～Ｅについてそれぞれあてはまる番号ひとつに○をつけて下さい。

Ａ：物事に進んで取り組む力（主体性）、Ｂ：現状を分析し目的や課題を明らかにする力（課題発見力）、Ｃ：自分の意見をわかりやすく伝える力（発信力）、Ｄ：意見の違いや立場を理解する能力（柔軟性）、Ｅ：ストレスに対応する力（ストレスコントロール力）

うことだろう。
女性のほうが類型による差が小さいが、「典型非定着予測」のストレスコントロール力は、かなり低い水準で他の類型と差がある。

6　進路選択に役立った大学での経験

最後に、進路選択の上で、大学でのどのような経験が役に立ったか、自由回答欄への記入を検討する。図表5－29がその結果であるが、この欄に記入があった比率は高く、調査回答者のほぼ全員（95％）が何らかの経験を記入していた。

整理にあたっては、まず、獲得された能力の内容への言及があるものについては、第四章で用いた企業側が採用にあたって重視する能力の分類に沿って分類し、これを表の前半に配した。また、経験の種類、場についての言及があるものは、そちらにも配している。自由記述であるから、ひとつの記述がいくつかの内容にわたっていることがあり、そうした際は、複数個所に分類した。したがって、回答者数より配分した回答の数のほうが多くなっている。

全体には、経験の場・機会を挙げた者が多い。実習やゼミ、サークル活動その他の課外活動、アルバイトなどについての記述が多かった。（こうした経験の場を通して）教員や仲間、先輩、（実習先などでの）多様な人との出会いを挙げる者も多い。これらを通して得た能力としては、主体性やコミュニケーション能力、意見を言う力などがあり、これは実習やゼミでの学びと関連づけて記述されていた。あるいは、柔軟性やリーダーシップ、行動力などがサークル活動や課外活動と関連して語られ、さらに、より幅広く大学での学習経験が、課題探求力や論理的思考力、主体性などを形成したという指摘もある。専門科目の学習を評価する声もある。教員など専門職直結のケースばかりでなく、商学なども直接役に立つと意識されていた。

このほか、就職課等の行なうセミナーや相談への評価や、アルバイトをはじめとする学外での経験も役に立ったこととして多く挙げられた。

なお、大学での経験が「役立たなかった」という者も一割程度見られた。

さらに、キャリア類型別にみるといくつか特徴がある。まず「典型定着予測」の特徴は、獲得した能力について比較的多くの者が書き込んでおり、役立たなかったという記述が少ないことである。特に、クラブやサークル、アルバイトの記述が多く、大学の支援サービスへの言及も多い。ゼミ等の学習経験は、大学院進学層が最も多く挙げているが、これに次いで多く、他の類型とは差がある。コミュニケーション関連の能力、前に踏み出す力や「視野の広がり」などの記述も相対的に多い。

「典型非定着」ではこれに比べると書き込みが少ない。専門教育とアルバイト経験は比較的多くの者が挙げているが、ゼミや課外活動などは少なく、先に見た大学生活の特徴と一致する。

「非典型」「求職・受験」の最も大きな特徴は「役立たなかった」という記述の多いことである。卒業2ヵ月後に振り返っての感想であり、結果として望んだ進路にならなかったことから低い評価

図表5－29　進路選択で役立った大学での経験

単位：%　太字実数

	キャリア類型別					性別		
	典型定着予測	典型非定着予測	非典型	求職・受験	大学院等進学	男性	女性	合計
合計	100.0	100.0	100.0	100.0	100.0	100.0	100.0	100.0
回答者計	**1075**	**299**	**243**	**65**	**252**	**646**	**1368**	**2014**
延べ回答者数	**1636**	**407**	**353**	**78**	**362**	**896**	**2069**	**2965**
考え抜く力・頭のよさ	8.6	7.7	7.4	7.7	6.0	8.2	7.9	8.0
基礎的知識・学力	1.5	0.7	1.6	1.5	2.4	2.0	1.2	1.4
文章の書き方（レポート、資料、論文）	0.5	0.3	0.4	0.0	0.8	0.5	0.5	0.5
論理的思考力	0.6	0.0	0.4	0.0	0.0	0.6	0.4	0.4
ものの見方、視野の広がり、多様な見方	3.4	4.0	2.1	4.6	2.0	3.3	3.1	3.1
パソコン（ワード、エクセル、パワーポイント）	1.9	2.0	2.1	1.5	0.0	0.6	2.1	1.6
その他の力（企画力、分析力、観察力）	0.7	0.7	0.8	0.0	0.8	1.2	0.7	0.8
チームで働く力、コミュニケーション能力	15.7	10.7	11.5	10.8	13.1	15.3	13.3	14.0
傾聴力、発信力、コミュニケーション能力	8.6	5.4	7.0	3.1	5.6	7.3	7.4	7.3
真面目、一生懸命に取り組む	1.0	0.0	0.0	0.0	1.2	0.8	0.7	0.7
リーダーシップ	1.3	0.7	0.4	3.1	0.8	1.9	0.8	1.1
プレゼン能力、意見を言う力	2.0	1.7	1.2	0.0	2.4	1.9	1.7	1.7
協調性、チームワーク、協力	1.1	0.7	0.4	1.5	0.8	0.9	1.0	0.9
ストレス耐性・忍耐・根気・継続力	1.5	1.7	1.2	3.1	2.4	2.2	1.3	1.6
柔軟性、相手の立場で考える	0.3	0.7	1.2	0.0	0.0	0.5	0.4	0.4
前に踏み出す力、課題創造・達成力	4.7	2.7	2.9	4.6	2.0	4.0	3.8	3.9
自主性、主体性	0.3	0.7	1.2	0.0	0.0	0.5	0.4	0.4
課題発見解決能力	2.2	1.3	0.4	1.5	1.6	1.7	1.8	1.8
行動力、積極性、実行力	0.6	0.0	0.4	0.0	0.4	0.6	0.3	0.4
その他（集中力、向上心など）	1.6	0.7	0.8	3.1	0.0	1.2	1.2	1.2
アピアランス	2.3	1.3	1.2	0.0	1.6	2.3	1.8	1.9
礼儀・常識	1.2	1.0	0.8	0.0	0.4	0.8	1.2	1.0
体力・健康	0.4	0.0	0.4	0.0	0.4	0.3	0.3	0.3
上下関係	0.7	0.3	0.0	0.0	0.8	1.2	0.3	0.6
就職活動、大学の就職支援	17.1	11.7	11.5	13.8	8.3	10.4	16.1	14.3
就職課／キャリアセンターでの相談、情報活用	2.0	2.0	0.8	0.0	0.8	0.9	2.0	1.6
就職セミナー、講演会、講座、キャリア教育科目	4.0	2.7	4.1	6.2	0.8	2.6	3.7	3.3
インターンシップ	4.2	3.0	4.1	6.2	2.4	2.5	4.3	3.7

6　進路選択に役立った大学での経験

就職説明会、ガイダンス	0.8	1.0	0.0	0.0	0.4	0.3	1.0	0.7
OB・OG、先輩の話	3.0	1.3	0.8	0.0	3.2	2.0	2.5	2.3
面接、小論文などの練習	1.2	1.0	0.4	1.5	0.0	0.8	1.1	1.0
その他	2.0	0.7	1.2	0.0	0.8	1.2	1.6	1.5
専門性	9.8	9.4	11.1	3.1	10.3	9.6	9.6	9.6
専門教育	7.3	7.7	5.8	3.1	7.1	7.7	6.6	7.0
語学	0.6	0.7	0.8	0.0	1.2	0.2	0.9	0.6
資格取得・取得のための勉強	1.9	1.0	4.5	0.0	2.0	1.7	2.2	2.0
経験の場	64.7	46.5	58.8	36.9	62.7	53.7	62.7	59.8
ゼミ・研究・学会・研究室・実技	8.4	3.7	4.1	3.1	15.1	9.6	6.8	7.7
卒業研究、卒業論文	1.0	0.3	0.8	1.5	5.2	1.7	1.2	1.4
授業・講義（一般教養レベル）	7.1	4.7	8.6	7.7	8.7	6.5	7.3	7.1
クラブ活動・サークル活動	12.1	8.7	9.9	4.6	5.6	10.8	9.9	10.2
アルバイト・仕事	12.9	11.7	6.2	0.0	4.4	10.1	10.6	10.4
ボランティア	3.0	2.3	5.8	3.1	0.8	1.2	3.7	2.9
その他の課外活動（学祭、イベント運営など）	8.4	3.7	4.1	3.1	15.1	9.6	6.8	7.7
実習	9.1	9.7	18.1	9.2	6.7	2.9	13.6	10.2
留学・海外研修	2.8	1.7	1.2	4.6	1.2	1.2	2.8	2.3
人との付き合い、人からの話	18.7	18.4	15.2	13.8	24.6	17.6	19.9	19.2
教員	4.6	4.3	4.9	3.1	10.7	5.1	5.5	5.4
友だち・仲間・後輩	5.6	7.0	4.5	7.7	6.7	5.4	6.4	6.1
先輩	1.0	0.3	0.4	0.0	2.0	0.9	1.0	0.9
親、家族	0.3	0.0	0.0	0.0	0.4	0.0	0.3	0.2
様々な人、多くの人（様々な価値観との接触）	7.3	6.7	5.3	3.1	4.8	6.2	6.8	6.6
その他の大学生としての経験	7.2	10.4	4.5	4.6	9.9	8.7	7.1	7.6
準備期間・モラトリアム、自由な時間	0.8	3.3	0.4	0.0	1.6	0.9	1.4	1.2
学位、学部、学科、課程に所属したこと	0.7	0.3	0.4	1.5	0.8	0.6	0.6	0.6
大学での勉強以外の経験（生活、旅行、遊びなど）	2.3	4.0	1.6	0.0	0.8	2.8	1.9	2.2
勉強したこと	2.7	1.3	1.2	3.1	4.8	3.3	2.3	2.6
全般的に役に立った	0.7	1.3	0.8	0.0	2.0	1.1	1.0	1.0
役立たない	7.2	16.1	19.8	23.1	12.3	13.6	10.7	11.6
役立たない	7.1	15.7	18.9	21.5	10.7	12.7	10.5	11.2
分からない	0.1	0.3	0.8	1.5	1.6	0.9	0.2	0.4
その他	3.3	3.7	5.3	4.6	6.3	3.4	4.3	4.0
自分のことを見つめる経験	1.8	2.7	3.7	4.6	3.2	1.4	2.9	2.4
自立したこと、一人暮らし	0.7	0.0	0.4	0.0	1.2	0.5	0.6	0.5
その他	0.9	1.0	1.2	0.0	2.0	1.5	0.8	1.0

質問：「あなたは、大学卒業後の進路選択をする上で、大学でのどのような経験が役に立ちましたか。具体的にお答え下さい。」

注）対比のため、ここでは、キャリア類型に「大学院等進学」を加えた。また、合計には、その他のキャリアの者を含む。

になっていることも考えられる。

自由回答の抜粋

・ゼミでの研究は、自分で企画し、行動する機会として、とても良い経験であったと思います。積極性と自信を養えました。大学での専攻と違う分野の仕事に就きましたが、四年の中で様々な職業を知り、幅広く選択肢を持つことができたと思います。（女性・人文）

・ゼミです。教授、先輩との関係が強いため様々な意見が聞けた部活です。学生でしかできないことができ視野が広がり新しい世界を知れ幅広い人間関係が築けた。（男性・経営）

・話をするのが苦手で、それは今でもかわりませんが、ディベートや発表等の多いゼミであったので、ミーティング等で意見を言えないという事は無くなりました。その為、コミュニケーションを必要とする職種にもチャレンジしようという意欲はつきました。（女性・情報）

・サークル活動での経験。組織をまとめたり、新しいことに挑戦する精神等、人間関係のつくり方等は、自分の大きな糧となっています。（女性・教育）

・サークル活動は、小さな会社だと思います。それぞれの役職があり、上がいて、下がいて、新入生や、他の会員が顧客だとするならば、それを満足させるため、悩み、考え、それを提案し、実行するため、苦労する。その経験は役立ちます。厳しいＯＢに礼儀を教えられ、それも勉強になりました。（男性・法学）

・「なぜ」ということが大学を通じて常に意識づけされたと思う。（男性・法学）

・大学四年間でとりあえず、考え方の根っこの部分がしっかりしたと思う。（男性・工学）

・資料から答えを導き出す研究方法とまずは体力が必要な学科であったこと。論理的な思考能力が身に付いた。（女性・人文）

・社会生活、コミュニケーション能力、対人関係……自信を持つこと、努力すること、我慢すること……最低限与えられた課題は与えられた日時までにこなすこと、人前で発表する勇気、考える力、様々な対処法……グループ生活を通して協力し合うことなど。このようなことから社会人としてやっていけるのだろうと思う。具体的にと言われてもよくわからない。（女性・人文）

・自ら考え、決定する力を得られた点。高校までだと「言われたことをしておけば良い」という感じだったが、大学では何かと自分で意思決定をする場面が多くなったので、そのような経験は役に立ったと思う。（男性・社会）

・学部が社会のどの企業に行っても役に立つ内容の講義だったので大学時代にやった事が反映できていると同時に、もう少ししっかりと取り組めていればという思いもある。（男性・商学）

・大学で学んだ専門知識のすべて。むしろ自分が勉強した分野でなければ今の会社にはいけなかった。（男性・工学）

・総合政策という学部にいたことで、様々な学問に触れることができた。その中で自分がやりたかった学問が合っていなかったり、興味のなかった学問に興味を持ち、結果的に専攻することとなった。この過程で、人間の適性というものは想像以上に広いということを知り、柔軟な視野を持つことができた。（女性・総合政策）

・就職課が行ったセミナーがとても役に立ちました。また就職課の人が親身になって相談にのってくれました。（女性・家政）

・大学の就職セミナーで社会人の方々が直接お話しされる機会があったり、仕事を選ぶ上での適性検査を行ったことです。（男性・理学）
・1、インターンシップ。公務員志望だったが実際公務に就いて、自分に向いていないとわかった。2、人事管理理論。考え方が理論的に分析できるようになった。（女性・経済）
・学外実習（インターンシップ）を体験することによって、自分の興味のある仕事を体験でき、希望職種を決める上で大変役に立ちました。（男性・工学）
・アルバイト。業務内容もそうだが、アルバイトを通じて知り合った人の人生経験や職業観に影響を受けた。年代が違う人の話の方が興味深かった。（女性・家政）
・大学での経験というよりは、アルバイトや、サークルを通して、多くの人々と接点を持ち、視野を広くできたという経験。（男性・情報）
・アルバイト。全くアルバイトをしてこなかった人に対して、自分は色んな職種に触れたことで、企業説明会などに参加した際にそこで自分がするであろう仕事内容をイメージしやすかったと思うから。（男性・人文）

7　定着予測の要因分析

ここまで、学校から職業への移行と現職への定着予測をもとにしたキャリア類型と大学におけるキャリア形成支援や学生生活、就職先企業の属性や諸条件との関係を見てきたが、これらの諸要因の相互の関係を検討したい。ここでは、典型雇用者の「定着予測」と「非定着予測」に絞って、その分化への影響の程度をロジスティック回帰分析により検討する。

分析は、非説明変数を　定着予測＝0、非定着予測＝1とし、説明変数として、性別、大学属性（選抜性＝ダミー変数化（以下、D）、学部系統・D）、学生時代の行動（成績、学生生活への熱心度・D）、就職活動（就職指導の評価（D）、内定時期）、就職先諸条件（週労働時間、月収、企業規模・産業D、職業D）とする。これを、学生時代の行動までの変数を使ったモデル1、これに就職活動を示す変数を加えたモデル2、さらに就職先の諸条件を加えたモデル3と、順次変数を増やし、その変数群の影響力を観察することで、これらの説明変数の影響力の度合いを検討する。

図表5‐30がその結果である。まず、左側の列であるモデル1の説明変数のうち、＊のついた影響力のある変数を吟味する。ここからいえるのは、定着予測を持つ者は、性別では男性に多く、また大学の選抜性はあまり関係ないが、学部系統は理科系に多いこと、大学での成績はよく、友達や恋人との付き合いに熱心で、クラブやサークルは「まあ熱心」で、アルバイトは「まったく熱心でなかった」者に多いことである。

これに就職活動の状況を加えた分析がモデル2である。ここでモデルのあてはまりのよさを示す変数である「Nagelkerke R2乗」の値を見ると、〇・〇六四から〇・〇九〇に上昇し、追加した変数には一定の説明力があることがわかる。追加した説明変数のうち有意なものは、第一に内定時期で、早く内定した方が定着傾向がある。ただし、その影響力はそれほど大きくない。第二には、

図表５－30　典型雇用者の定着予測の規定要因（ロジスティック回帰分析）

	（定着予測＝０）に対して		モデル１		モデル２		モデル３	
			B	Exp(B)	B	Exp(B)	B	Exp(B)
性別		男性・D	-0.464	0.629*	-0.495	0.609**	-0.593	0.553**
大学属性	大学選抜性・ダミー変数（以下D）	私立A	-0.270	0.764	-0.023	0.977	0.128	1.136
		私立B	-0.261	0.770	-0.164	0.849	-0.305	0.737
		国立	-0.360	0.697	-0.288	0.750	-0.401	0.670
	〈基準＝私立C〉	公立	-0.367	0.693	-0.244	0.784	-0.332	0.717
	学部系統・D	人文科学	0.048	1.049	0.104	1.110	0.055	1.056
		社会科学	-0.244	0.783	-0.114	0.893	-0.125	0.883
		工学	-0.744	0.475*	-0.494	0.610	-0.444	0.641
	〈基準＝その他〉	理・農・薬学	-0.784	0.456*	-0.680	0.507*	-0.469	0.626
		教育	-0.095	0.910	-0.151	0.859	-0.372	0.690
学生時代の行動	大学の成績での優の割合		-0.076	0.927*	-0.075	0.927*	-0.090	0.914*
	クラブやサークル活動・D	とても熱心だった	0.093	1.097	0.085	1.089	0.091	1.095
		まあ熱心だった	-0.339	0.712+	-0.393	0.675*	-0.483	0.617*
	〈まったく熱心でなかった〉	それほど熱心でなかった	-0.028	0.973	-0.045	0.956	-0.098	0.907
	友達や恋人との付き合い・D	とても熱心だった	-0.940	0.391+	-1.007	0.365+	-1.171	0.310*
		まあ熱心だった	-0.861	0.423+	-0.963	0.382+	-1.195	0.303*
	〈まったく熱心でなかった〉	それほど熱心でなかった	-0.628	0.533	-0.848	0.428	-0.794	0.452
	アルバイト・D	とても熱心だった	0.719	2.052*	0.811	2.251*	0.926	2.525**
		まあ熱心だった	0.697	2.007	0.789	2.201*	0.950	2.586**
	〈まったく熱心でなかった〉	それほど熱心でなかった	0.721	2.056*	0.796	2.217*	1.005	2.733**
	ダブルスクール・資格取得・D	とても熱心だった	0.497	1.643*	0.532	1.703*	0.636	1.890*
		まあ熱心だった	0.055	1.057	0.078	1.081	0.019	1.019
	〈まったく熱心でなかった〉	それほど熱心でなかった	0.194	1.214	0.206	1.229	0.238	1.269
	インターンシップ・D	とても熱心だった	-0.344	0.709	-0.353	0.703	-0.506	0.603
		まあ熱心だった	-0.105	0.900	-0.115	0.892	-0.227	0.797

	〈まったく熱心でなかった〉	それほど熱心でなかった	0.311	1.364	0.343	1.410+	0.326	1.385
就職活動の状況	キャリア科目・セミナー	役に立った			-0.140	0.869	0.044	1.045
	〈役立たなかった〉	利用しなかった			0.004	1.004	0.038	1.039
	就職部との相談	役に立った			-0.366	0.694+	-0.466	0.628*
	〈役立たなかった〉	利用しなかった			-0.345	0.708	-0.470	0.625+
	教員との相談	役に立った			-0.276	0.759-	0.164	0.848
	〈役立たなかった〉	利用しなかった			-0.015	0.985	0.164	1.178
	内定時期				0.075	1.078***	0.060	1.062*
就職先	週労働時間						0.042	1.043***
	月収						-0.105	0.900***
	企業規模						-0.087	0.916*
	産業・D	卸・小売業					-0.014	0.986
		金融保険					0.224	1.251
		サービス業					0.328	1.388
	〈基準＝製造・建設〉	その他の産業					-0.281	0.755
	職業・D	事務					-0.395	0.673+
		技術・エンジニア					-0.082	0.922
		専門職					-0.503	0.605
	〈基準＝営業・販売〉	その他の職業					-0.433	0.648
定数			-0.091	0.913	-0.371	0.690	0.318	1.374
カイ2乗				58.580***		80.796***		143.723***
－2対数尤度				1389.187		1332.849		1178.090
Cox&SnellR 2 乗				0.042		0.059		0.109
NagelkerkeR 2 乗				0.064		0.090		0.166
使用ケース数				1365		1337		1265

有意確率+ 〈0.10, * 〈0.05, ** 〈0.01, *** 〈0.001

大学の指導では就職部門での相談である。この変数が有意である確率は下がるが、「役立った」とする者は「役立たなかった」という者より定着する傾向は強いといえよう。

さらに、就職先の諸条件も加えた分析がモデル3である。あてはまりを示す「Nagelkerke R2乗」値は〇・一六六まで向上する。この数字から、就職先の諸条件が定着の予測に与える影響は、大学生活の状況や就職活動への取り組み以上に大きいことが推測される。また、モデル3では、大学属性の影響が有意でなくなるという変化がある。この変化から、大学属性は就職後の定着予測に直接影響するというより、就職先に影響するのであって、その就職先の諸条件が離転職に影響するという関係であることがうかがわれる。

就職先の諸条件としては、定着予測をもつ者は、労働時間が短く、収入が高く、企業規模が大きく、また職種は営業・販売より事務系に多い傾向があるといえる。

ここから、新規大卒者の定着率の向上には、大学教育におけるキャリア教育の活性化以上に、各企業における労働条件の向上の効果のほうが大きいのではないかと推測される。

8　まとめ

本章では、大卒後二ヶ月あまりの経験と調査時点での職場定着の予測から、キャリアの類型化を行ない、そのキャリア分岐に及ぼす大学教育の影響を検討した。

この検討で明らかになった主な点をまとめると次のとおりである。

第一に、大学四年の一一月時点（大学生調査の実施時）に内定を得ていない者のうち、就職活動を継続していた者は卒業二ヵ月後（卒業後調査時点）には半数強が典型雇用についていたが、就職希望はあっても就職活動をしていなかったり、未定で迷っている場合には、その比率は二割以下と少ない。就職活動の継続は、安定的雇用の獲得に重要である。

第二に、卒業二ヵ月後までに離職したものはごくわずかだが、この時点で典型雇用者の八割前後が定着を予測し、二割前後が転職を予測している。定着予測者は、現在の勤務先の仕事にやりがいや面白さ、可能性を感じており、積極的な定着理由がある者が多い。転職予想者には労働条件（特に労働時間）への不満や会社への不信を感じている者が半数近い。

第三に、典型雇用者のうちで定着を予測する者としない者を比べると、定着予測者のほうが、勤務先企業規模が大きい傾向があり、労働時間が短く、かつ女性では収入が高い傾向にある。また、仕事や仕事以外の生活がうまくいっていると思う傾向があり、進路選択・就職活動には高い満足感を持っている。定着予想者は総じて職業への移行が円滑に進んでいることがうかがわれる。

第四に、応募先選択の条件は、在学中と卒業（就業）後で変化が見られた。卒業後になって重視する者が大幅に増える条件は、第一に「勤務時間・休暇・福利厚生」であり、次いで、「給料」、「自分の能力や適性にあっていること」である。定着を予想しない者で変化が大きい。

第五に、大学の選抜性が低いと卒業生の非典型雇用率は高い傾向にある。また、選抜性の低い大学では、大学経由の採用情報で就職する者が四分の一と多い。大学経由の場合、内定時期は、ウェブサイトの情報による場合に比べて大幅に遅い。

第六に、大学のキャリア形成支援のうち、インターンシップは、経験者は少ないが役立ったとする者が多い。キャリア開発科目やセミナーは実施率が中程度だが役立ったという者は比較的少ない。相談機能は、移行が円滑でない者で評価が低い傾向がある。

第七に、定着予測者には、大学の成績がよく、授業には熱心に出席していた者が多く、また、友達等との付き合いも熱心であった者が多い。大学時代の経験で進路選択に役立ったものとして、ゼミや実習、専門教育が挙げられる一方、サークル活動、アルバイト、インターンシップ、友達や教員との人間関係などを挙げる者も多かった。育成された能力としては、コミュニケーション能力、視野の広がり、主体性などが多く挙げられた。

第八に、定着を予測しない者は、在学中から内定先について迷っているケースもあった。また、現在の職業能力の自己評価が低い傾向にあり、特にストレスコントロール力を低く認識している。

ここから、今後必要な政策・対策を考えてみたい。

第一に、就職できないまま卒業する学生を出さないためには、大学における就職・キャリア形成支援と国の学生職業センターや地方のジョブカフェの支援とを連動させることである。調査からは、大学の選抜性と就職活動のスケジュール、内定獲得の時期、斡旋の経路はそれぞれ強く関連していること、そして、卒業時期が近くなってからは、公共サービスを経由した内定が増えていることが明らかになった。この学生の流れを把握し、大学と支援機関が連携してサービスを有機的に継続していくことが重要だと思われる。四年生の一一月時点で内定先がなくとも就職意欲を持ち続けた学生は就職活動を停止した学生に比べて二倍以上が典型雇用者になっていた。支援機関が連携すれば、学生の意欲の継続は図りやすい。また、第一章での指摘のとおり、大学によっては就職活動時期の大きく異なる学生が混在しているため、支援の負担は非常に大きくなっている。こうした大学においては公共機関との連携が重要な選択肢になろう。すでに公共部門からの働きかけは行なわれていると思われるが、さらに、連携への意欲のある大学を絞っての緊密な関係作りが必要である。

第二に、大学教育改革を卒業後の就業の観点から進めることである。検討すべき教育のひとつはキャリア教育である。この章の検討からは、インターンシップ経験者がその効果を高く評価する一方、キャリア開発科目や大学主催のセミナーが十分な効果をあげていない可能性が示唆された。学生が自らのキャリアを設計できる力を育てることは重要だが、そのための教育プログラムはさらに検討が必要なのではないかと思われる。もうひとつは、キャリア教育と位置づけられていない大学教育を職業との関連から捉えなおすことである。卒業者が進路選択に役立った経験として指摘するものは、大学のカリキュラムに位置づけられたプログラムのほか学生生活の多岐にわたる経験であり、またそこで育成された有効な能力とは、第四章で取り上げた企業が評価する能力とよく一致するものだった。職業人の基礎力として必要な能力を明示的に捉え、教育プログラムに乗せていくことが重要だと思われる。大学教育改革の議論が進んでいるが、こうした卒業後に評価される能力とその開発方法についても重視してほしいと思う。

第三に、早期離職を防ぐには、就職先の決定時に、本人が十分情報収集をして納得感を高めることが重要である。就職から二ヵ月の時点でも転職を予測する者が就職者の二割に及んだが、その場合、長時間労働などの労働時間に不満を持つ者が多く、かつ、就職時には労働条件面をそれほど重視していなかったが就職後に重視するようになった者が多い。あるいは、内定決定時から迷いを感じていたケースも少なくない。

就職活動をしている学生の皆さんには、職場の労働の実態について、インフォーマルなものも含めて積極的に情報収集をすることをお勧めしたい。入社後すぐにこんなはずではなかったと離職すれば、今の日本では、職業意識の希薄な若者という見方をされて不利になりかねない。今、若年層の長時間労働者が増えていると指摘されているが、入社前ならそうした職場を避ける選択もできる。その選択がしにくかった景気後退期に就職した先輩と違って、売り手市場の現状なら他の選択ができる。ラクな職場を選べというのではないが、理不尽な長時間労働を避けるには最初の選択が重要である。

注

（1）新規中学卒就職者の三年目までの離職率が約七割、新規高卒就職者のそれは約五割である。なお、元になっているのは厚生労働省の雇用保険データであり、本来学歴情報はないが、雇用保険加入時期と年齢から学歴を推計している。

（2）労働政策研究・研修機構が二〇〇六年に実施した郵送質問紙調査。対象は「大学生調査」の回答者のうち在学中に協力の約束を得たもので、回収等総数は二一二四名。詳しくは、序章参照。

（3）厚生労働省職業安定局「新規学校卒業者の就職離職状況調査」。雇用保険データを基にした推計で、二〇〇一年三月大学卒業者の三年目までの離職率は三五・四％。

（4）少し古い調査であるが、若者本人の転職予測が実現する可能性が高いことは、パネル調査による分析でも指摘されており（雇用職業総合研究所、1988）、ここでのキャリア類型の作成に転職予測を組み込むことは意味があることだと思われる。

（5）このほか「遅れて正社員」グループもあるが、対象数が極めて少ないのでここでは除外して考える。

（6）設置者と入学難易度により類型化した。国立、公立、私立A（偏差値五七以上）、私立B（偏差値四六〜五六）、私立C（偏差値四五以下）。偏差値は、代々木ゼミナールの社会科学系の偏差値ランキングに基づく。

引用文献

太田聡一　1999　「景気変動と転職行動」中村二郎・中村恵編『日本経済の構造調整と労働市場』日本評論社

雇用職業総合研究所　1988　『青年期の職業経歴と職業意識――若年労働者の職業適応に関する追跡研究総合報告書』職研調査研究報告書 No. 72

黒澤昌子・玄田有史　2001　「学校から職場へ――「七・五・三」転職の背景」『日本労働研究雑誌』

No. 490
永野仁　2004「大学生の就職活動とその成功条件」、永野仁編『大学生の就職と採用――学生一一四三名、企業六五八社、若手社員二一一名、二四四大学の実証分析』中央経済社
日本労働研究機構　1992『大学就職指導と大卒者の初期キャリア』調査研究報告書 No. 33
日本労働研究機構　1994『大学就職指導と大卒者の初期キャリア（その2）――三五大学卒業者の就職と離転職』調査研究報告書 No. 56
日本労働研究機構　1995『大卒者の初期キャリア形成――「大卒就職研究会報告」』調査研究報告書 No. 64
日本労働研究機構　2000『変革期の大卒採用人的資源管理――就職協定廃止と大卒の採用・雇用管理の変化』調査研究報告書 No. 128
日本労働研究機構　2001『調査研究報告書日欧の大学と職業――高等教育と職業に関する一二ヵ国比較調査結果』調査研究報告書 No. 143
日本労働研究機構　2003『高等教育と職業に関する日蘭比較』調査研究報告書 No. 162
労働政策研究・研修機構　2005『高等教育と人材育成の日英比較――企業インタビューから見る採用・育成と大学教育の関係』労働政策研究報告書 No. 38
労働政策研究・研修機構　2006c『大学生の就職・募集採用活動等実態調査結果II　大卒採用に関する企業調査』JILPT 調査シリーズ No. 17
労働政策研究・研修機構　2007『大学生と就職――職業への移行支援と人材育成の視点からの検討』労働政策研究報告書 No. 78

執筆者略歴

小杉礼子（こすぎ　れいこ）　編者、序章、第4章、第5章
1952年　神奈川県に生まれる
1975年　東京大学文学部卒業
現　在　独立行政法人　労働政策研究・研修機構　統括研究員
博士（教育学、名古屋大学）
主　著　『フリーターとニート』（編、勁草書房、2005年）
『キャリア教育と就業支援――フリーター・ニート対策の国際比較』（共編、勁草書房、2006年）
『若者とキャリア――「非典型」からの出発のために』（勁草書房、2010年）

濱中義隆（はまなか　よしたか）　第1章
1970年　東京都に生まれる
1998年　東京大学大学院教育学研究科博士課程中途退学
現　在　独立行政法人　大学評価・学位授与機構学位審査研究部准教授
主著・論文　「1990年代以降の大卒労働市場――就職活動の3時点比較」苅谷剛彦・本田由紀編『大卒就職の社会学――データからみる変化』、87-105頁（共著、東京大学出版会、2010年）
「『学生の流動化』と進路形成――現状と可能性」『高等教育研究』第11集、107-126頁（2008年）

堀　有喜衣（ほり　ゆきえ）　第2章
1972年　茨城県に生まれる
2002年　お茶の水女子大学大学院人間文化研究科単位取得修了
現　在　独立行政法人　労働政策研究・研修機構　研究員
主　著　『フリーターとニート』（共著、勁草書房、2005年）
『キャリア教育と就業支援――フリーター・ニート対策の国際比較』（共編、勁草書房、2006年）
『人材育成としてのインターンシップ』（共編、労働新聞社、2006年）
『フリーターに滞留する若者たち』（編、勁草書房、2007年）

中島ゆり（なかじま　ゆり）　第3章
1976年　神奈川県に生まれる
2008年　お茶の水女子大学大学院人間文化創成科学研究科博士後期課程単位取得修了
現　在　お茶の水女子大学教育開発センター　特任リサーチフェロー
主論文　「反性差別の思想がもたらす教育実践のジレンマ」『年報社会学論集』第18号、113-123頁（関東社会学会、2005年）

においては、大変な努力をされて教育改革に取り組まれているのだろうと推察される。

私たちの研究は、卒業後の就業・キャリア形成という観点から、大学教育と公共サービスのあり方を考えるもので、一面的な考察ではある。しかし、実証的なデータ分析としての厚みについて若干自負するところはある。大学における改革の有効性を増すための施策の策定と、個々の大学を越えた社会的な仕組みづくりに貢献ができればと願っている。

なお、本書は独立行政法人労働政策研究・研修機構『大学生と就職――職業への移行支援と人材育成の視点からの検討』(労働政策研究報告書No.七八、http://www.jil.go.jp/institute/reports/2007/078.htm)に、大幅な加筆訂正を行なったものである。もとになった調査についての詳細は、同報告書をご参照いただければ幸いである。

また、この報告書が勁草書房の藤尾やしおさんの目に止まったことが、本書の出版につながったのだが、書籍として改編するにあたって、藤尾さんからは、わかりやすさを増すためのさまざまなご示唆をいただいた。改めて御礼申し上げたい。

二〇〇七年一〇月

執筆者を代表して　小杉　礼子

あとがき

大学生が選ばれた存在であり、就職を指導することなど考えられなかった時代もあっただろうが、今の学生の現実は違う。産業界がどのような労働力として彼らを雇おうとしているか、その期待も異なる。

それだけに、大学が就職・キャリア形成支援、そして人材育成において大きな役割を果たすことが求められ、これを補完する大学外の公的サービスの役割も拡大している。本書の執筆・編集を通じて、改めて、現代社会が教育に期待するものの大きさを感じる。

しかし、各大学の教育資源は限定的であるし、組織も人材もそれぞれに歴史や思惑を抱えており簡単には再編できない。学外の公共サービスといってもやはり限られた資源の中での活動である。人を育てることにもっと社会的資源を投じる必要がある。そうした厳しい環境の中で、多くの大学

大学生の就職とキャリア
「普通」の就活・個別の支援

2007年10月30日　第1版第1刷発行
2010年8月25日　第1版第2刷発行

編者　小《こ》杉《すぎ》礼《れい》子《こ》
発行者　井村寿人

発行所　株式会社　勁《けい》草《そう》書房

112-0005 東京都文京区水道2-1-1　振替 00150-2-175253
（編集）電話 03-3815-5277／FAX 03-3814-6968
（営業）電話 03-3814-6861／FAX 03-3814-6854
堀内印刷所・青木製本

ISBN978-4-326-65330-0　Printed in Japan